콤팩트 여행일본어회화

콤팩트
여행일본어회화

2008년 6월 1일 초판 1쇄 발행
2015년 6월 15일 초판 5쇄 발행

엮은이 Enjc 스터디
발행인 손건
편집기획 손용희
마케팅 이언영
디자인 김선옥
제작 최승룡
인쇄 선경프린테크

발행처 **LanCom** 랭컴
주소 서울시 영등포구 영신로 38길 17
등록번호 제 312-2006-00060호
전화 02) 2636-0895
팩스 02) 2636-0896
홈페이지 www.lancom.co.kr

ⓒ Enjc 스터디 2008
ISBN 978-89-89059-86-8   13730

이 책의 저작권은 저자에게 있습니다. 저자와 출판사의 허락없이
내용의 일부를 인용하거나 발췌하는 것을 금합니다.

Enjc 스터디 지음

쾌락은
우리를 자기 자신으로부터 떼어놓지만,
여행은
스스로에게 자신을 끌고 가는 하나의 고행이다.

- Albert Camus -

머리말

단체로 일본여행을 가면 현지 사정에 밝은 가이드가 안내와 통역을 해주기 때문에 말이 통하지 않아 생기는 불편함은 그다지 크지 않을 수 있습니다. 하지만, 외국인을 직접 만나서 대화를 하거나 물건을 구입할 때 등의 경우에서는 회화가 절대적으로 필요하며 여행지에서의 자유로운 의사소통은 여행을 한층 즐겁고 보람차게 해줄 것입니다.

언어 때문에 부담스러운 여행이 아니라 즐거운 일본여행이 되기 위해서 출국에서 안전하게 귀국에 이르기까지 그때그때 상황에 맞는 유용한 일본어 회화표현만을 엄선하였습니다. 따라서 상대방의 이야기를 듣고 천천히 그리고 확실하게 자기가 하고 싶은 말을 할 수 있도록 하였으며, 실제로 일본으로 여행을 떠날 때 이 책 한 권을 주머니에 넣고 출발하면 베스트 가이드가 될 것입니다.

이 책은 다음과 같은 특징으로 꾸며졌습니다.

콤팩트 여행회화

여행지에서 간편하게 휴대하고 다니면서 쉽게 꺼내 볼 수 있도록 한 손에 쏙 들어가는 콤팩트 사이즈로 만들었습니다.

여행할 때 유용한 회화표현

일본으로 여행, 출장, 방문을 할 때 현지에서 유용하게 사용할 수 있도록 꼭 필요한 회화만을 엄선하여 찾아보기 쉽도록 사전식으로 구성하였습니다.

장면별 회화 구성

여행을 떠나기 전에 알아두면 유용한 기본표현은 물론 출국, 도착, 숙박, 식사, 관광, 쇼핑, 교통, 여행 트러블 등 여행자가 부딪칠 수 있는 장면을 다양하게 설정하였습니다.

보기 쉬운 맞쪽 편집과 패턴드릴

필요한 장면에 부딪치는 상황이 오면 즉석에서 찾아 바로 활용이 가능하도록 우리말을 먼저 두었으

며, 보기 쉽도록 맞쪽으로 편집하였습니다. 또한 단어를 넣어 대입할 수 있는 패턴을 통해 다양한 표현을 활용할 수 있도록 하였습니다.

원어민의 발음에 충실한 한글 표기

일본어를 잘 모르더라도 누구나 쉽게 발음할 수 있도록 모든 회화표현 및 단어에 한글로 발음을 표기해두었으며, 그 발음은 가능한 원음에 충실하여 표기하였습니다.

본문전체가 녹음된 mp3 파일 무료제공

본문전체가 녹음된 mp3 파일을 랭컴출판사 홈페이지(www.lancom.co.kr)에서 무료로 제공하고 있습니다. 여행을 떠나기 전에 미리 다운받아 공부를 하는 것도 언어에 대한 두려움을 없애는 데 도움이 될 것입니다. 녹음은 한국인 성우가 먼저 하나의 표현을 말한 다음 원어민이 그 표현에 해당하는 일본어를 들려줍니다. 일본어 발음을 들은 다음 그와 같이 발음하도록 반복해서 연습하십시오.

Part 1 기본표현

인사 42
방문 52
거리에서의 질문 56
간단한 질문과 대답 62
의례적인 표현 72

Part 2 상황표현

식당에서 78
시장에서 86
오락 92
호텔 98
여관에서 108
은행에서 112
세관에서 116

Part 3 교통기관

교통수단을 찾을 때 . . . 122
장거리 기차 여행 126
지하철 132
택시와 버스 136
공항 140

차례

Part 4 날씨·수·시간·색

- 요일 146
- 월 152
- 날짜 154
- 날씨와 계절 160
- 시간 164
- 색 172
- 수 176

Part 5 통신

- 우체국에서 180
- 팩스 보내기 184
- 전화 186

Part 6 긴급사태

- 긴급상황 192

여행준비

해외로 여행을 하려면 무엇보다 사전에 준비가 철저해야 한다. 출국에 앞서 가장 기본적인 준비는 여권 만들기(구여권) → 방문국의 비자취득(비자면제국가는 제외) → 각종 여행정보 수집 → 국제운전면허증 등 각종 증명서 만들기 → 출국 교통편 정하기 → 숙박 예약 → 환전 및 여행에 필요한 짐 챙기기 등이 있다. 물론 이러한 준비는 여행사를 통해서 간편하게 할 수 있다.

여권(passport)

여권은 외국을 여행할 때 여행자의 신분과 국적을 증빙하고, 그 보호를 의뢰하는 문서로써 해당 기관 즉, 외무부 여권과 및 시청, 구청, 군청 등에서 발급받는다. 여권 발급시의 구비서류는 다음과 같다.

① 여권 발급 신청서 : 1부
② 여권용 사진 : 2매(3.5×4.5cm 뒷배경은 하얀색)
③ 발급 비용

종류	유효기간	수수료	대상
복수여권	10년	55,000원	만 18세 이상 희망자
	5년	47,000원	만 18세 이상 희망자
			만 8세 이상 ~ 만 18세 미만자
		15,000원	만 8세 미만자
			기간연장 재발급 해당자

	5년 미만	15,000원	국외여행허가대상자 잔여 유효기간부여 재발급
단수여권	1년	20,000원	1회 여행만 가능
기재사항 변경		5,000원	동반 자녀 분리 사증란 추가(1회)

④ 주민등록증이나 운전면허증

⑤ 병무 확인서(병역의무자에 한함)

■ 여권 발급에 소요되는 기간은 5~7일이나 성수기에는 7~10일 정도가 걸린다.

■ 외교통상부

주소 : 서울시 종로구 수송동 80번지 Korean Re 대한재보험빌딩 4층

전화 : ·영사과 확인창구

(02) 720-0460 / (02) 2100-7500

·여권과 창구 (02) 2100-7593~4

·해외이주 창구

(02) 2100-7578 / (02) 720-2728

비자(visa)

비자는 여행하고자 하는 국가 기관(대사관)에 의뢰하면 입국을 허가하는 공식 문서로써 방문국가가 결정되면 먼저 비자 필요여부를 확인해야 한다. 비자가 필요한 국가들 중에는 방문목적과 체류기간

에 따라 요구하는 구비서류가 다른 경우가 있다. 비자에도 입국의 종류와 목적, 체류기간 등이 명시되어 있으며, 여권의 사증란에 스탬프나 스티커를 붙여 발급하게 된다.

짐을 꾸리기 전에 반드시 확인하자

여행 일정에 가장 중요한 일은 짐을 꾸리는 일이다. 대충 짐을 꾸렸다가는 여행지에서 낭패를 보기 십상이다. 여행지의 기후나 풍토에 대한 정보를 충분히 알아보고 의식주에 관한 준비를 하는 것이 꼭 필요하다.

여권과 항공권 · 현금 · 신용카드 · 필기도구와 운전면허증 및 각종 서류는 작은 가방에 넣어 별도로 소지하는 것이 좋다.

① 여권 : 사진이 있는 면을 복사해서 여권과 별도로 보관한다.
② 항공권 : 출국과 귀국날짜, 노선, 유효기간을 확인해 둔다.
③ 현지화폐 : 교통비 입장료 등의 소액
④ 여행자수표 : 현금과의 비율은 2 : 8정도

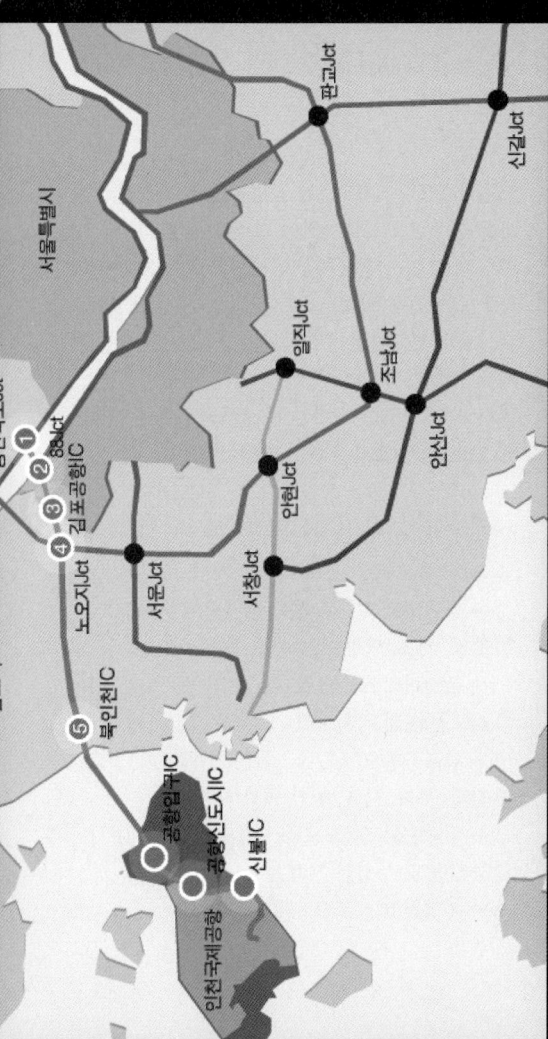

인천국제공항 가는 길

인천국제공항고속도로

인천국제공항고속도로는 공항 이용객의 정시성 확보를 최우선으로 감안하여 지역간 통행 기능을 배제하고 오직 인천국제공항 방면으로만 통행이 가능한 공항전용 고속도로이다. 즉, 인천국제공항고속도로로 진입하면 중간에서 김포공항이나 인천지역 등으로는 갈 수 없다.

인천국제공항고속도로는 6~8차선으로 총연장은 40.2km(방화대교 ↔ 인천공항)이다.

인천국제공항고속도로 진입로 현황 (5개소의 진입로)

① 은평, 마포 등 서울의 북서부 지역
　→ 강변북로 및 자유로와 연결되는 북로 JCT
② 강남, 서초, 영등포, 여의도 등의 지역
　→ 올림픽대로와 연결되는 88 JCT
③ 김포공항 및 강서지역
　→ 김포공항 IC
④ 김포, 부천, 시흥, 일산 등의 지역
　→ 외곽순환고속도로와 연결되는 노오지 JCT
⑤ 동인천 및 서인천 지역
　→ 북인천 IC

인천국제공항고속도로 통행료

구 분	서울(신공항영업소)	인천(북인천영업소)
경 차	3,550	1,700
소형차	7,100	3,400
중형차	12,100	5,900
대형차	15,700	7,600

■ 신공항하이웨이(주) (http://www.hiway21.com)
■ 인천국제공항고속도로 문의 : (032) 560-6100

자가용 이용시 유의사항

여객터미널 출발·도착층 진입로는 버스와 승용차(택시포함)의 진입로가 분리되어 있으므로 도로안내표지의 승용차·택시용 진입차선을 반드시 지켜서 진입해야 한다.

출발층(고가도로, 3층)에서는 택시, 승용차 구분 없이 목적하는 항공사와 가까운 위치에서 승·하차할 수 있다. 단, 승·하차를 위한 5분이상의 정차는 안 된다.

도착층(지상, 1층)에서는 택시, 승용차의 정차위치가 지정되어 있으므로 지정된 위치에서 정차 후 승·하차해야 한다.

출발·도착층에서는 장시간의 정차가 허용되지 않으므로 승·하차 후 즉시 출발해야 한다.

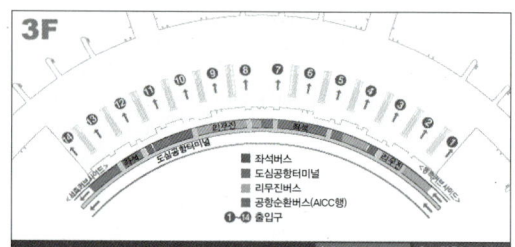

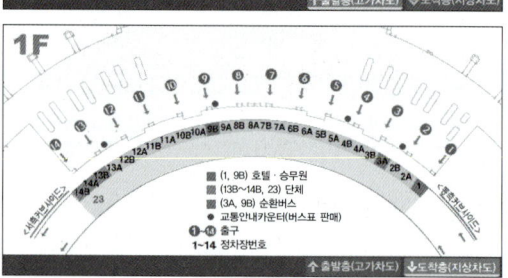

인천 ↔ 영종도 해상항로

인천에서 선박을 이용하여 인천국제공항으로 가고자 하는 여객의 경우 월미도 ↔ 영종도 해상항로를 이용할 수 있다. 운항시간 매일 05:00~21:30이고, 운항간격은 약 15~20분이며, 도선료는 1,000원(대인 1인 기준)이다.

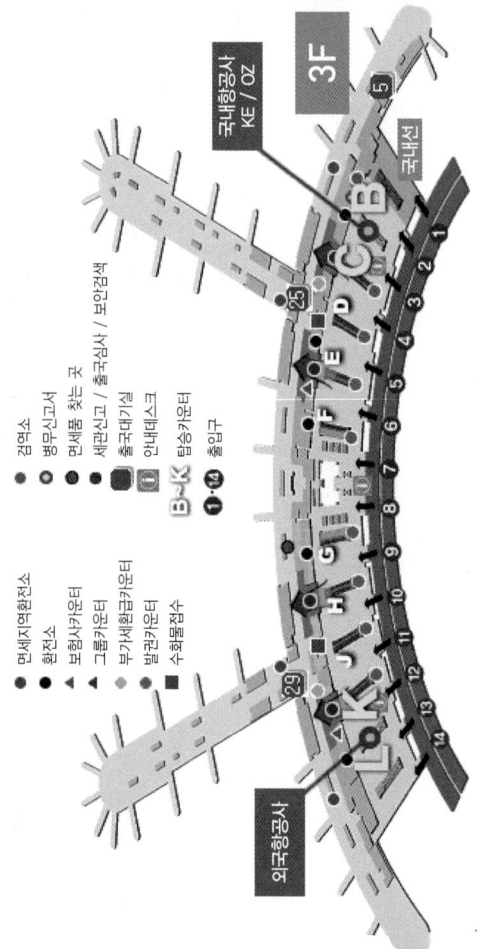

일본어 문자에 대해서

일본어 문자는 특이하게 한자(漢字), 히라가나(ひらがな), 가타카나(カタカナ)를 병용해서 사용한다. 히라가나와 가타카나를 합쳐서 「仮名文字(가나문자)」라고 하며 우리 한글처럼 표음문자이다.

마네키네코〔招き猫, まねきねこ〕

(1) 히라가나

히라가나(ひらがな)는 한자의 일부분을 따거나 획을 간단히 하여 만들어진 문자로 헤이안(9세기경) 시대 궁정귀족의 여성들에 의해 쓰인 문자로 지금은 문장을 표기할 때 일반적으로 가장 많이 쓰이는 문자이다.

(2) 카타카나

카타카나(カタカナ)는 한자의 일부분을 따거나 획을 간단히 한 문자로 헤이안 시대부터 스님들이 불경의 강독을 들을 때 그 발음을 표기하기 위해 쓰인 문자로 지금은 외래어, 전보문, 의성어 등, 어려운 한자로 표기해야 할 동식물의 명칭이나 문장에서 특별히 강조할 때도 사용한다.

> 일본어 문자에 대해서

(3) 한자

漢字는 내각고시로 제정한 상용한자(常用漢字) 1945자를 사용하고 있다. 한자의 읽기는 음독(音読)과 훈독(訓読)이 있으며, 우리와는 달리 읽는 방법이 다양하다. 또한 일부의 한자는 자획을 정리한 약자(新字体)를 사용하기 때문에 우리가 쓰는 정자(正字)로 표기하면 안 된다.

(4) 오십음도

가나문자를 행(行)과 단(段)으로 나누어 다섯 자씩 10행으로 배열한 것을 오십음도(五十音図)라고 한다.

あ	か	さ	た	な	は	ま	や	ら	わ	ん
아	카	사	타	나	하	마	야	라	와	응
い	き	し	ち	に	ひ	み		り		
이	키	시	치	니	히	미		리		
う	く	す	つ	ぬ	ふ	む	ゆ	る		
우	쿠	스	츠	누	후	무	유	루		
え	け	せ	て	ね	へ	め		れ		
에	케	세	테	네	헤	메		레		
お	こ	そ	と	の	ほ	も	よ	ろ	を	
오	코	소	토	노	호	모	요	로	오	

ア	カ	サ	タ	ナ	ハ	マ	ヤ	ラ	ワ	ン
아	카	사	타	나	하	마	야	라	와	응
イ	キ	シ	チ	ニ	ヒ	ミ		リ		
이	키	시	치	니	히	미		리		
ウ	ク	ス	ツ	ヌ	フ	ム	ユ	ル		
우	쿠	스	츠	누	후	무	유	루		
エ	ケ	セ	テ	ネ	ヘ	メ		レ		
에	케	세	테	네	헤	메		레		
オ	コ	ソ	ト	ノ	ホ	モ	ヨ	ロ	ヲ	
오	코	소	토	노	호	모	요	로	오	

행(行) : 50음도에서 아래로 내려오는 다섯 글자를 말하며, か행이라고 하면 かきくけこ를 말한다.

단(段) : 50음도에서 옆으로 가는 글자를 말한다. あ단이라고 하면 あかさたなはまやらわ를 가리킨다.

발음과 표기법

(1) 청음

모음

あ, い, う, え, お의 다섯 글자로 발음은 우리말의 「아, 이, 우, 에, 오」와 같다.

- あさ　　[아사]　　　아침
- いぬ　　[이누]　　　개
- うし　　[우시]　　　소

반모음

や, ゆ, よ는 우리말의 「야, 유, 요」와 발음이 같다.

- やま　　[야마]　　　산
- ゆび　　[유비]　　　손가락
- よる　　[요루]　　　밤

わ는 우리말의 「와」와 발음이 같다.

- わるい　　[와루이]　　나쁘다
- わかれ　　[와까레]　　헤어짐, 이별

자음

か, き, く, け, こ
우리말의 「ㅋ」에 가까운 소리이다. 대개 말의 처음에 올 경우에는 「ㅋ」에 가까운 소리가 나고 그 외의 경우에는 「ㄲ」에 가깝게 발음이 된다.

- かく [카꾸] 쓰다
- きく [키꾸] 듣다
- くも [쿠모] 구름
- ける [케루] 차다
- こころ [코꼬로] 마음

さ, し, す, せ, そ
우리말의 「ㅅ」과 같은 소리이지만 する의 「스」에 가깝게 발음이 된다.
- さら [사라] 접시
- しぬ [시누] 죽다
- すます [스마스] 끝내다
- せまい [세마이] 좁다
- そら [소라] 하늘

た, ち, つ, て, と
た, て, と는 말 처음 올 때는 「ㅌ」에 가깝게 발음이 되고 그 외의 경우에는 「ㄸ」에 가깝게 발음한다. ち, つ는 정확하게 우리말에 해당하는 발음이 없으며, ち는 단어의 처음에 올 때는 「치」에 그 외에 올 때는 「찌」에 가깝게 발음되며, つ도 단어의 처음에 올 때는 「츠, 쓰」에 가깝고 그 외에 올 때는 「쓰, 쯔」에 가깝게 발음된다.

발음과 표기법

- たね [타네] 씨앗
- ちから [치까라] 힘
- つむ [쓰무] 쌓다
- てら [테라] 절
- どっと [돗또] 쿵

な, に, ぬ, ね, の
우리말의 「나, 니, 누, 네, 노」와 발음이 같다.
- はな [하나] 꽃
- におい [니오이] 냄새
- しぬ [시누] 죽다
- ねる [네루] 자다
- のる [노루] 타다

は, ひ, ふ, へ, ほ
우리말의 「하, 히, 후, 헤, 호」와 같다.
- はる [하루] 봄
- ひく [히꾸] 끌다
- ふく [후꾸] 불다
- へる [헤루] 줄다
- ほし [호시] 별

ま, み, む, め, も
우리말의 「마, 미, 무, 메, 모」와 같다.
- うま [우마] 말
- みみ [미미] 귀
- むし [무시] 벌레
- あめ [아메] 비
- もつ [모쯔] 가지다

ら, り, る, れ, ろ
우리말의 「라, 리, 루, 레, 로」와 발음이 같다.
- そら [소라] 하늘
- ねむり [네무리] 잠
- さる [사루] 원숭이
- どろぼう [도로보-] 도둑

(2) 탁음

탁음이란 か·さ·た·は(カ·サ·タ·ハ)행의 글자 오른쪽 윗부분에 탁점(゛)을 붙인 음을 말한다.

が, ぎ, ぐ, げ, ご
청음 「か행」의 탁음으로 「가, 기, 구, 게, 고」로 발음한다.

> 발음과 표기법

- がくせい [가꾸세-] 학생
- かぎ [카기] 열쇠
- かぐ [카구] 냄새맡다
- げた [게따] 나막신
- あご [아고] 턱

ざ, じ, ず, ぜ, ぞ
우리말의 「ㅈ」과 비슷하지만 같은 것은 아니다.
- ざぶとん [자부똥] 방석
- じめん [지멘] 지면
- すずめ [스즈메] 참새
- なぜ [나제] 왜
- なぞ [나조] 수수께끼

だ, ぢ, づ, で, ど
だ, で, ど는 우리말의 「ㄷ」에 해당한다고 할 수 있으며, ぢ와 づ는 じ와 ず와 발음이 같다.
- だれ [다레] 누구
- はなぢ [하나지] 코피
- つづける [쓰즈께루] 계속하다
- そで [소데] 소매
- まど [마도] 창문

ば, び, ぶ, べ, ぼ
우리말의 「ㅂ」에 가까운 발음이 난다.
- ばか [바까] 바보
- とびら [도비라] 장지문
- とぶ [도부] 날다
- なべ [나베] 냄비
- そぼ [소보] 할머니

(3) 반탁음

반탁음은 は행의 오른쪽 윗부분에 반탁점(˚)을 붙인 것을 말한다.

ぱ, ぴ, ぷ, ぺ, ぽ
외래어 표기에 흔히 쓰이며 우미말의 「ㅍ」에 가까운 소리가 나며, 강하게 발음할 때는 「ㅃ」에 가깝다.
- やっぱり [얍빠리] 역시
- ピアノ [피아노] 피아노
- きっぷ [킵뿌] 표
- プロペラ [프로뻬라] 프로펠러
- ポプラ [포뿌라] 포플러

(4) 요음

「い단」의 자음에 や, ゆ, よ를 작게 붙여 나타낸다. 따라서 「ゃ·ゅ·ょ」는 우리말의 「ㅑ·ㅠ·ㅛ」 같은 역할을 한다.

- ぎゃく　　　　　[갸꾸]　　　손님
- ぎゅうにく　　　[규-니꾸]　　쇠고기
- れんぎょう　　　[렝꾜-]　　　개나리
- じゃま　　　　　[쟈마]　　　방해
- りょこう　　　　[료꼬-]　　　여행
- しょさい　　　　[쇼사이]　　서재
- ばしょ　　　　　[바쇼]　　　장소
- おちゃ　　　　　[오쨔]　　　차
- しゃいん　　　　[샤잉]　　　사원
- びょういん　　　[뵤-잉]　　　병원
- ちょきん　　　　[쵸낑]　　　저금
- ぎゅうにゅう　　[규-뉴-]　　우유
- れんしゅう　　　[렌슈-]　　　연습

(5) 촉음

촉음이란 막힌 소리의 하나로 우리말의 받침과 같은 역할을 하는 것을 말한다. つ를 작은 글자 っ로 표기하여 다른 글자 밑에서 받침으로만 쓴다. 이 촉음은 하나의 음절을 갖고 있으며, 뒤에 오는 글자의 영향에 따라 「ㄱ・ㅅ・ㄷ・ㅂ」으로 발음하며, か, さ, た, ぱ행 앞에 つ를 작게 붙여 받침으로 사용한다.

- ざっし　　　　[잣시]　　　잡지
- きって　　　　[킷떼]　　　우표
- いっぱい　　　[입빠이]　　가득히
- こっき　　　　[콕끼]　　　국기

(6) 발음

ん을 다른 글자 밑에 붙여 받침으로 사용한다. 뒤에 오는 글자에 따라 「ㅁ, ㄴ, ㅇ」 발음이 난다.

ま, ば, ぱ행 앞에 올 때 「ㅁ」 소리가 난다.

- とんび　　　　[톰비]　　　소리개
- さんまい　　　[삼마이]　　3장
- せんむ　　　　[셈무]　　　전무
- でんぽう　　　[뎀뽀-]　　전보
- しんぶん　　　[심붕]　　　신문

さ, ざ, た, だ, な, ら행 앞에 올 때는 「ㄴ」 소리가 난다.

- こんな　　　　[콘나]　　　이러한
- ほんだな　　　[혼다나]　　서가

발음과 표기법

- かんたん [칸딴] 간편함
- あんぜん [안젠] 안전
- げんり [켄리] 권리
- うんどう [운도-] 운동

あ, か, が, は, や, わ행 앞에 올 때나 말의 끝에 올 때는 「ㅇ」소리가 난다.

- はつおん [하쯔옹] 발음
- でんわ [뎅와] 전화
- ほんや [홍야] 책방
- よんひゃく [용햐꾸] 4백
- さんがつ [상가쯔] 3월
- ぎんこう [킹꼬-] 은행
- まんいん [망잉] 만원

(7) 장음

소리를 길게 낼 때에는 あ단 글자 뒤에는 あ를, い단 글자 뒤에는 い를, う단 글자 뒤에는 う를, お단 글자 뒤에는 お가 아닌 う를 붙여 길게 발음한다.

- おかあさん [오까-상] 어머니
- おにいさん [오니-상] 형님
- ふうとう [후-또-] 봉투
- おねえさん [오네-상] 누님

- おとうと [오또-또] 남동생
- いもうと [이모-또] 여동생

단,
- おおきい [오-끼-] 크다
- おおい [오-이] 많다
- とおる [토-루] 통하다
- こおる [코-루] 얼다
- とお [토-] 열 개
- ほお [호-] 뺨

등은 예외적으로 お를 쓴다.
또한, 근래에는 え단 글자 뒤에 い가 올 경우 길게 발음하는 경우도 있다.
- とけい [토께-] 시계

カタカナ의 장음은 「ー」로 표시한다.
- エレベーター [에레베-따-] 엘리베이터

(8) 외래어

외래어는 カタカナ로 쓴다. 중국에서 온 한자어는 거의 일본어로 동화되었으므로 ひらがな로 쓰고, 서양어 중에서도 자주 쓰이는 것은 ひらがな로 쓰는 것이 있다. たばこ(타바꼬/담배)가 그 예이다.

발음과 표기법

- ショー　　　　　　[쇼-]　　　쇼
- エレベーター　　　[에레베-따-]　엘리베이터

「f」음은 ファ, ヒィ, フ, ヘェ, ホォ로 나타낸다.
- フランス　　　　　[후란스]　　프랑스

그러나 は행으로 나타내는 경우도 있다.
- コーヒー　　　　　[코-히-]　　커피
- ユニホーム　　　　[유니호-무]　유니폼

[v]음은 バ, ビ, ブ, ベ, ボ로 나타내지만 ヴァ, ヴィ, ヴ, ヴェ, ヴォ를 쓰기도 한다.
- ヴァイオリン　　　[바이오링]　　바이올린
- ヴォキャブラリ　　[보카부라리]　보케블러리(어휘)

원어(영어)의 끝이 「-er, -ar, -or」등일 경우에는 보통 장음으로 간주한다.
- スカート　　　　　[스까또]　　　스커트
- グライダー　　　　[구라이다-]　글라이더
- カード　　　　　　[카도]　　　　카드

「ti, di」는 ティ, ディ를 쓰기도 하는데 가능하면 チ, ジ를 쓰고 「t」는 ッ 또는 ト를 쓴다.

- チーム   [치-무]   팀
- ラジオ   [라지오]   라디오
- トライ   [토라이]   트라이
- ツー   [츠-]   투(2)

(9) 한자어

일본에서는 한자를 두 가지로 읽는다. 우리는 한자 立을 「설 립」이라고 말하는데, 전자는 훈을 나타내고 후자는 소리를 나타낸다. 따라서 우리말에는 훈으로 읽는 경우는 없다. 그러나 일본어에서는 한자를 훈으로 읽는 경우와 음으로 읽는 경우가 있다.

한자의 음으로 읽는 경우
- 牛乳(ぎゅうにゅう)   [규-뉴-]   우유
- 種類(しゅるい)   [슈루이]   종류
- 表現(ひょうげん)   [효-겡]   표현
- 春夏秋冬(しゅんかしゅうとう)   춘하추동
  [슝까슈-또-]

한자를 뜻으로 읽는 경우
- 牛(うし)   [우시]   소
- 種(たね)   [타네]   종자

발음과 표기법

- 表(おもて) [오모떼] 표면
- 春(はる) [하루] 봄

한자읽기
한자가 둘 이상 모여서 이루어진 말은 원칙적으로 네 가지로 읽힐 가능성이 있다.

둘 다 음독하는 경우(이 경우가 대부분이다)
- 基本(きほん) [키홍] 기본
- 国家(こっか) [콕까] 국가
- 民族(みんぞく) [민조꾸] 민족
- 経済(けいざい) [케-자이] 경제

둘 다 훈독하는 경우
- 建物(たてもの) [타떼모노] 건물
- 打消(うちけし) [우찌께시] 취소

앞 글자는 음으로 뒤 글자는 뜻으로 읽는 경우(드문 편이다)
- 重箱(じゅうばこ) [쥬-바꼬] 찬합
- 団子(だんご) [당고] 경단

앞 글자는 뜻으로 뒤의 글자는 음으로 읽는 경우(드문 편이다)

- 湯桶(ゆとう)　　[유또-]　　더운 물을 담는 칠기
- 手本(てほん)　　[테홍]　　글씨본

(11) 철자법

は : 조사로 쓰일 경우에는 わ로 읽는다.
- これは ほんだ　이것은 책이다
  [고레와 혼다]

へ : 조사로 쓰일 경우에는 え로 읽는다.
- 銀行(ぎんこう)へ 行(い)く。 은행에 간다.
  [깅꼬-에 이꾸]

を : 조사로만 쓰이고 お로 읽는다.
- きみを 愛(あい)する。 너를 사랑한다.
  [키미오 아이스루]

꼭 알아두어야 할 중요한 표지

注意	[츄-이]	주의
開	[카이]	열림
閉	[헤이]	닫힘
危険	[키껭]	위험
さわるな	[사와루나]	만지지 마시오

***

東口	[히가시구찌]	동문(동쪽출구)
西口	[니시구찌]	서문(서쪽출구)
南口	[미나미구찌]	남문(남쪽출구)
北口	[키따구찌]	북문(북쪽출구)

***

非常口	[히죠-구찌]	비상구
入口	[이리구찌]	입구
出口	[데구찌]	출구
案内所	[안나이죠]	안내소
立入禁止	[타찌이리킨시]	출입금지
左側通行	[히다리가와 쓰-꼬-]	좌측통행
右側通行	[미기가와 쓰-꼬-]	우측통행

***

便所 / お手洗い　　　화장실

[벤죠 / 오떼아라이]

洗面所 / 化粧室 / トイレ

[셈멘죠 / 케쇼-시쯔 / 토이레]

男子/殿方	[단시 / 토노가따]	신사용
女子/婦人	[죠시 / 후징]	숙녀용

***

進入禁止	[신뉴-킨시]	진입금지
禁煙	[킹엥]	금연
満	[망]	꽉참
使用中	[시요-쮸-]	사용중
故障	[코쇼-]	고장

***

引	[히꾸]	당기시오
押	[오스]	누르시오 / 미시오
予約済	[요야꾸즈미]	예약되어 있음
止まれ	[토마레]	멈추시오

***

地下鉄	[치까떼쯔]	지하철
駅	[에끼]	역
空	[아끼]	비어 있음
ペンキ塗り立て	[펭끼누리타떼]	칠 주의

일본의 대중음식

❀ 串カツ [쿠시까쯔]
  잘게 썬 돼지고기와 파를
  꼬치에 꿰어 튀긴 것

❀ お好み焼き
  [오꼬노미야끼]
  부침개

❀ ラーメン [라-멩] 라면   ❀ 刺身 [사시미] 생선회

❀ しゃぶしゃぶ [샤부샤부]
  얇게 썬 쇠고기를 끓는 물에 데쳐 양념장을 찍어 먹는 냄비요리

❀ そば/うどん
  [소바 / 우동]
  메밀국수 / 우동

- ❀ すきやき [스끼야끼]

  전골(쇠고기나 돼지고기를 잘게 썰어 양념을 하고, 어패류나 버섯, 채소 따위를 섞어서 국물을 부어 끓인 음식

- ❀ 寿司 [스시]

  초밥

- ❀ てんぷら [템뿌라]

  튀김

- ❀ 鉄板焼 [템빤야끼] 철판구이

- ❀ とんかつ [통까쯔] 돈가스

- ❀ 焼き鳥 [야끼또리] 새꼬치구이

- ❀ ヨセナベ [요세나베]

  모듬냄비(고기나 생선, 채소 등을 국수와 함께 끓이면서 먹는 요리)

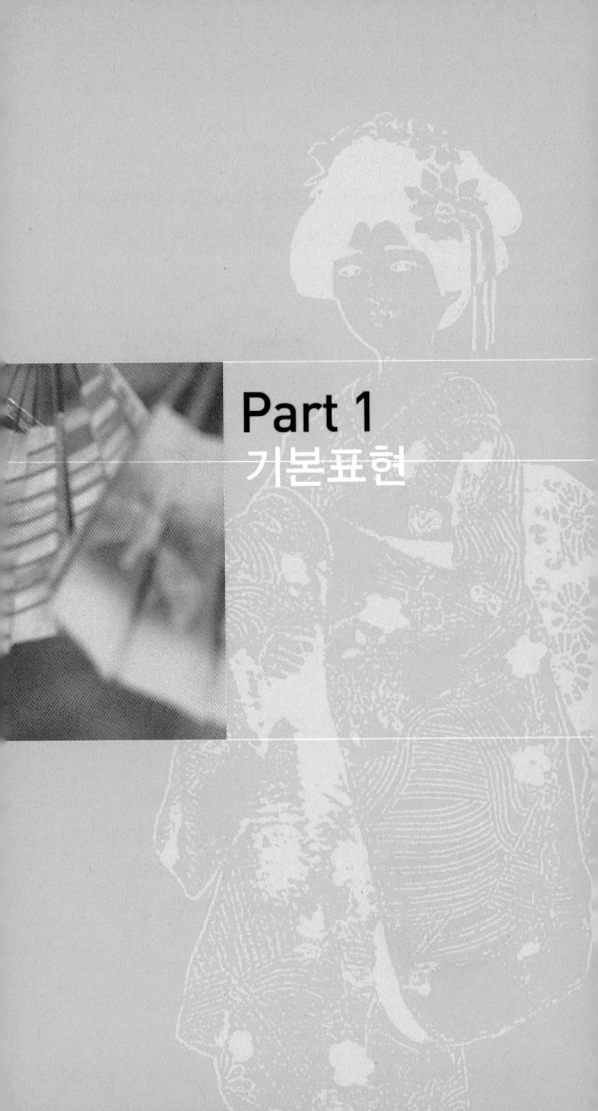

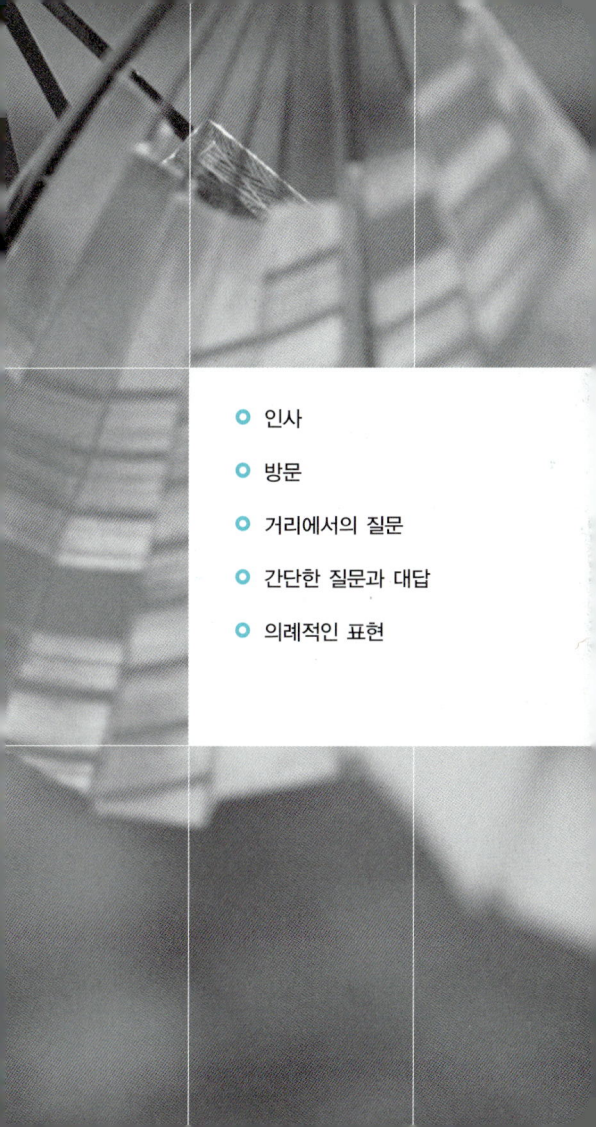

- 인사
- 방문
- 거리에서의 질문
- 간단한 질문과 대답
- 의례적인 표현

인사

안녕하세요. 〈아침인사〉

안녕하세요. 〈오후인사〉

안녕하세요. 〈저녁인사〉

안녕히 주무세요.

안녕히 가세요(계세요).

그럼, 또 봅시다.

오랜만입니다.

잘 지내십니까?

기본 표현

おはようございます。
오하요- 고자이마스

こんにちは。
곤니찌와

こんばんは。
곰방와

おやすみなさい。
오야스미나사이

さようなら。
사요-나라

じゃあ またあとで。
쟈-   마따 아또데

しばらくです。 | ひさしぶりですね。
시바라꾸데스 | 히사시부리데스네

お元気ですか。
오겡끼데스까

인사

덕분에요.

잘 지내고 있습니다.

<u>가족</u>   은 어떻습니까?

부인

남편

아버님

어머님

아드님

따님

아이들

처음 뵙겠습니다.

기본 표현

おかげさまで。
오까게사마데

元気(げんき)です。
겡끼데스

ご家族(かぞく)　はいかがですか。
고카조꾸　　　　와 이까가데스까

奥(おく)さん
옥상

ご主人(しゅじん)
고슈징

お父(とう)さん
오또-상

お母(かあ)さん
오까-상

息子(むすこ)さん
무스꼬상

娘(むすめ)さん
무스메상

お子(こ)さん
오꼬상

はじめまして。
하지메마시떼

45

인사

아무쪼록 잘 부탁드립니다.

아내 입니다.

남편

아들

딸

제 친구

이쪽은 다나카 씨입니다.

성함은?

저분의 성함은?

どうぞ、よろしく。
도-조   요로시꾸

家内(かない) です。
카나이   데스

主人(しゅじん)
슈징

息子(むすこ)
무스꼬

娘(むすめ)
무스메

友達(ともだち)
도모타찌

こちらは田中(たなか)です。
고찌라와 다나카데스

お名前(なまえ)は。
오나마에와

あの方(かた)のお名前(なまえ)は。
아노카따노 오나마에와

인사

다나카라고 합니다. 〈자신을 소개할 때〉

<u>저분</u> 을 아십니까?

다나카 씨

당신이 야마다 씨입니까?

어디에서 오셨습니까?

<u>한국</u> 에서 왔습니다.

미국

일본

기본 표현

田中と申します。
다나카또 모-시마스

あの方をご存じですか。
아노카따 오 고존지데스까

田中さん
다나카상

田中さんでいらっしゃいますか。
야마다산데 이랏샤이마스까

どとらからいらっしゃいましたか。
도찌라까라 이이랏샤이마시따까

韓国からまいりました。
캉꼬꾸 까라 마이리마시따

アメリカ
아메리까

日本
니홍

여행은 사람을 순수하게 그러나 강하게 만든다.
-서양 속담-

인사

휴가차 왔습니다.

출장으로

유학생입니다.

한국어 를 할 수 있습니까?

영어

일본어

네, 조금 할 수 있습니다.

전혀 못합니다.

일본어는 잘 모릅니다.

기본 표현

休暇で 来ております。
큐-까데 기떼오리마스

出張で
슛쬬 -데

留学生です。
류-각세-데스

韓国語 ができますか。
캉꼬꾸고 가 데끼마스까

英語
에-고

日本語
니홍고

ええ、すこしできます。
에-   스꼬시 데끼마스

全然できません。
젠젠 데끼마셍

日本語はよくわかりません。
니홍고와 요꾸 와까리마셍

방문

다나카 씨는 계십니까?

어서 들어오십시오.

실례합니다.

잘 오셨습니다.

어서 올라오십시오.

음료 좀 드시겠습니까?

과일

커피

홍차

기본 표현

田中さんはいらっしゃいますか。
다나까상와 이랏샤이마스까

どうぞ、お入りください。
도-조 오하이리쿠다사이

お邪魔します。
오쟈마시마스

よくいらっしゃいました。
요꾸 이랏샤이마시따

どうぞお上がりください。
도-조 오아가리쿠다사이

何か飲み物 はいかがですか。
나니까 노미모노 와 이까가데스까

果物
구다모노

コーヒー
코-히-

紅茶
코-쨔

방문

네, 먹(마시)겠습니다.

아니오, 됐습니다.

제 걱정은 마세요.

커피 한 잔 더 어떻습니까?

이제 그만 실례하겠습니다.

매우 즐거웠습니다.

감사했습니다.

기본 표현

ええ、いただきます。
에- 이따다끼마스

いいえ、結構です。
이-에 겍꼬 -데스

どうぞ、おかまいなく。
도-조 오카마이나꾸

コーヒーをもう一杯いかがですか。
코-히-오 모- 입빠이 이까가데스까

そろそろ失礼します。
소로소로 시쯔레-시마스

とても楽しかったです。
도떼모 다노시깟따데스

ありがとうございました。
아리가또- 고자이마시따

집을 떠나 본 사람만이 집의 소중함을 안다. -서양 속담-

거리에서의 질문

<u>은행</u> 은 어디입니까?

우체국

지하철역

버스정류장

시장

파출소

이 근처에 <u>화장실</u> 이 있습니까?

　　　　공중전화

　　　　백화점

　　　　패스트푸드점

길을 가르쳐 주십시오.

기본 표현

銀行 はどこですか。
깅꼬- 와 도꼬데스까

郵便局
유-빙꾜꾸

地下鉄の駅
치까떼쯔노 에끼

バス停
바스떼-

マーケット
마-껫또

交番
코-방

この辺にお手洗いがありますか。
고노 헨니 오떼아라이 가 아리마스까

公衆電話
고-슈-뎅와

デパート
데빠-또

ファーストフードの店
화-스또후-도노 미세

道を教えてください。
미찌오 오시에떼 쿠다사이

57

거리에서의 질문

이 지도에서 가르쳐 주십시오.

<u>공원</u> 은 이 길입니까?

한국대사관

중심가

공항

상업지구

미도스지 거리는 어느 쪽입니까?

<u>음식</u> 은 어디서 팔고 있습니까?

전화카드

필름

지도

기본 표현

この地図(ちず)で教(おし)えてください。
고노 치즈데 오시에떼 구다사이

公園(こうえん)はこの道(みち)ですか。
코-엥 와 고노 미찌데스까

韓国大使館(かんこくたいしかん)
캉꼬꾸타이시깡

中心街(ちゅうしんがい)
쥬-싱가이

空港(くうこう)
쿠-꼬-

オフィス街(がい)
오휘스가이

御堂筋通(みどうすじどお)りはどちらですか。
미도-스지도-리와 도찌라데스까

食(た)べ物(もの)はどこで売(う)っていますか。
다베모노 와 도꼬데 웃떼 이마스까

テレホンカード
테레홍카토도

フイルム
후이루무

地図(ちず)
치즈

거리에서의 질문

한국어신문 은 어디서 팔고 있습니까?

한국어안내서

여기에서 얼마나 걸립니까?

걸어서 갈 수 있습니까?

이 근처에서 재미있는 곳을
가르쳐 주십시오.

죄송하지만, 사진을 찍어 주시겠어요?

사진을 찍어도 되겠습니까?

기본 표현

韓国語の新聞 はどこで売っていますか。
캉코구고노 심붕 와 도꼬데 웃떼 이마스까

韓国語の案内書
캉꼬꾸고노 안나이쇼

ここからどのくらいかかりますか。
고꼬까라 도노 쿠라이 가까리마스까

歩いて行けますか。
아루이떼 이께마스까

この辺で面白い所を教えてください。
고노 헨데 오모시로이 도꼬로오 오시에떼 구다사이

すみませんが、写真を撮ってくださいませんか。
스미마셍가 샤싱오 돗떼 구다사이마셍까

写真を撮ってもいいですか。
샤싱오 돗떼모 이-데스까

세계는 한 권의 책이다.
여행하지 않는 자는 그 책의 단지 한 페이지만을 읽을 뿐이다.
-성 아우구스티누스-

간단한 질문과 대답

네.

아니오.

아마

대단히 감사합니다.

감사합니다.

대단히 고마워요.

대단히 죄송합니다.

천만의 말씀입니다.

기본 표현

はい。
하이

いいえ。
이-에

たぶん。
다붕

どうもありがとうございます。
도-모 아리가또- 고자이마스

ありがとうございます。
아리가또- 고자이마스

どうもありがとう。
도-모 아리가또-

どうもすみません。
도-모 스미마셍

どういたしまして。
도-이따시마시떼

63

간단한 질문과 대답

<u>화장실</u> 은 어디입니까?

입구

출구

아시겠습니까?

네, 알겠습니다.

아니오, 모르겠습니다.

모르겠습니다.

더 천천히 부탁드리겠습니다.

다시 한번 말씀해 주세요.

기본 표현

お手洗い はどこですか。
오떼아라이   와 도꼬데스까

入口
이리구찌

出口
데구찌

わかりますか。
와까리마스까

ええ、わかります。
에- 와까리마스

いいえ、わかりません。
이-에 와까리마셍

わかりません。
와까리마셍

もっとゆっくりお願いします。
못또 육꾸리 오네가이시마스

もう一度お願いします。
모- 이찌도 오네가이시마스

간단한 질문과 대답

일본어로 써 주십시오.

이것   은 무슨 뜻입니까?

그것

저것

손가락으로 가르켜 주십시오.

이것은 무엇입니까?

그것을 보여 주십시오.

이것은 얼마입니까?

日本語で書いてください。
니홍고데 가이떼 구다사이

これ はどういう意味ですか。
고레   와 도-이우 이미데스까

それ
소레

あれ
아레

指でさしてください。
유비데 사시떼 구다사이

これは何ですか。
고레와 난데스까

それを見せてください。
소레오 미세떼 구다사이

これはいくらですか。
고레와 이꾸라데스까

간단한 질문과 대답

부탁드립니다.

배가 고픕니다.

목이 마릅니다.

피곤합니다.

덥 습니다.
춥

잠깐 기다려 주십시오.

뭘 좀 먹고 싶습니다.
　　　마시고

기본 표현

お願^{ねが}いします。
오네가이시마스

おなかがすきました。
오나까가 스끼마시따

のどがかわきました。
노도가 가와끼마시따

疲^{つか}れました。
쓰까레마시따

暑^{あつ}い です。
아쯔이 데스
寒^{さむ}い
사무이

ちょっと待^まってください。
춋또 맛떼 구다사이

何^{なに}か 食^たべたい です。
나니까 다베따이 데스
 飲^のみたい
 노미따이

간단한 질문과 대답

아름답 군요.

재미있

즐겁

네, 그렇습니다.

아니오, 틀립니다. / 아닙니다.

기본 표현

きれい ですね。
기레- 데스네

面白い
오모시로이

楽しい
다노시-

はい、そうです。
하이 소-데스

いいえ、ちがいます。
이-에 치가이마스

"여행"
여행은 힘과 사랑을 그대에게 돌려준다.
어디든 갈 곳이 없다면 마음의 길을 따라 걸어가 보라.
그 길은 빛이 쏟아지는 통로처럼 걸음마다 변화하는 세계.
그곳을 여행할 때 그대는 변화하리라.
-잘랄루딘 루미 : 회교 신비주의 시인-

의례적인 표현

정말입니까?

그렇습니까?

부탁 드리겠습니다.

들겠습니다.
〈먹겠습니다, 마시겠습니다의 낮춤말〉

잘 먹었습니다.

기다리게 해서 죄송합니다.

죄송하지만…….

실례지만…….

기본 표현

本当ですか。
혼또–데스까

そうですか。
소–데스까

お願いします。
오네가이시마스

いただきます。
이따다끼마스

ごちそうさま。
고찌소–사마

お待ちどおさま。
오마찌도–사마

すみませんが……。
스미마셍가

失礼ですが……。
시쯔레–데스가

すみません。
스미마셍

의례적인 표현

어서 먼저 하세요.

죄송합니다.

~씨, ~양

후지 씨

다나카 양

사토 씨 〈사토 씨 부부〉

기본 표현

どうぞ、お先に。
도-조 오사끼니

ごめんなさい。
고멘나사이

すみません。
스미마셍

～さん。
상

藤さん。
후지상

田中さん。
다나까상

佐藤さん。
사또-상

호기심이란 맹목적인 충동에 사로잡혀
여행을 떠나는 자는 방랑자에 지나지 않는다.
-고올드 스미스-

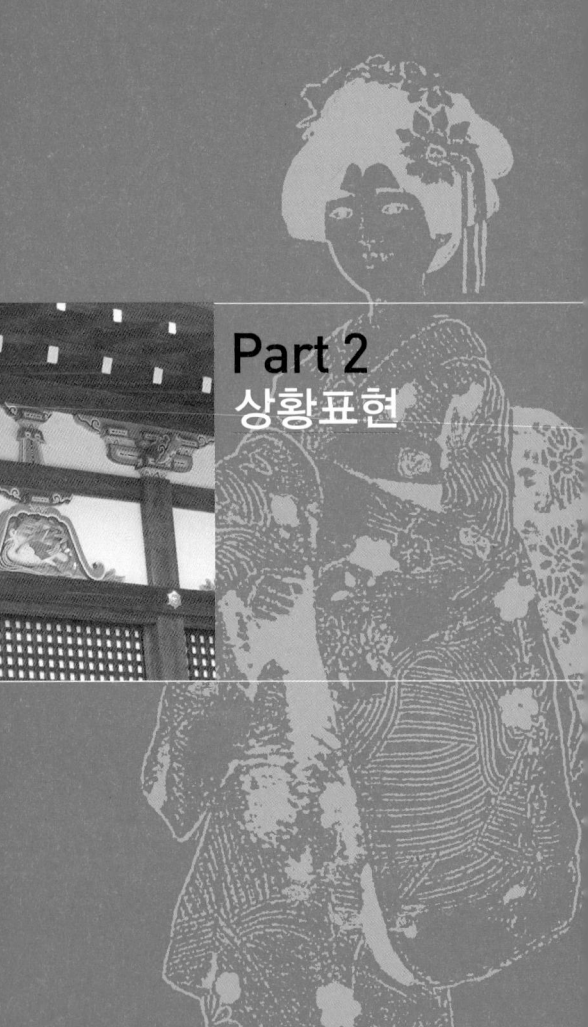

Part 2
상황표현

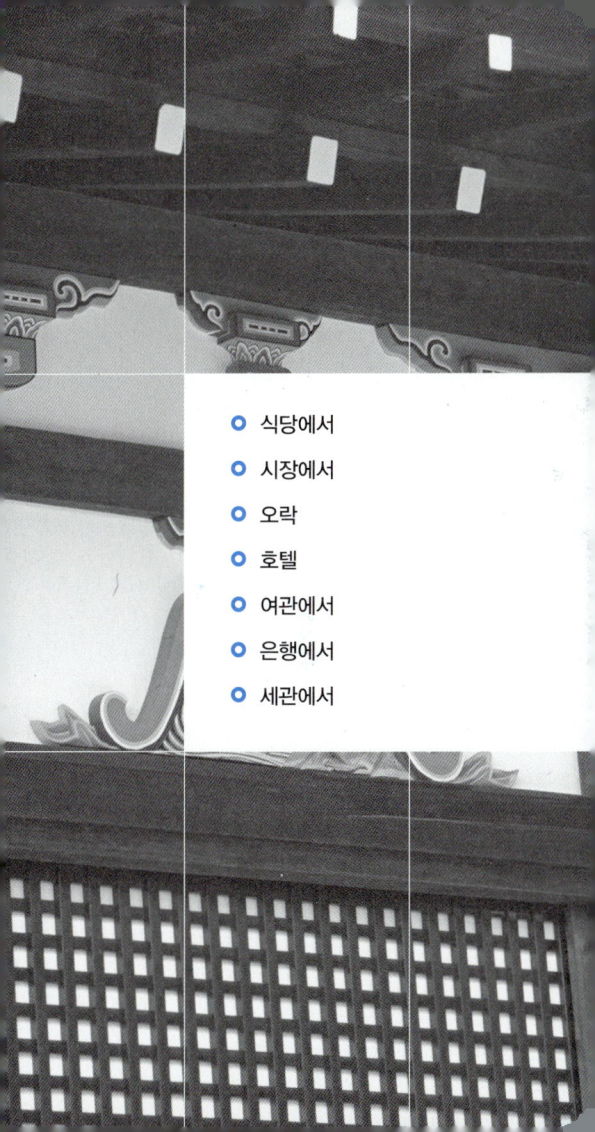

- 식당에서
- 시장에서
- 오락
- 호텔
- 여관에서
- 은행에서
- 세관에서

식당에서

근처에 레스토랑이 있습니까?

맛있는　레스토랑을 가르쳐 주십시오.

싼

고급

좋은 바 를 가르쳐 주십시오.

　　　다방

　　　초밥집

　　　요정

창문쪽　자리 있습니까?

금연구쪽

近くにレストランがありますか。
치까꾸니 레스또랑가 아리마스까

おいしい レストランを教えてください。
오이시ー　　　레스또랑오 오시에떼 구다사이

安い
야스이

高級
고ー뀨ー

いい バー を教えてください。
이ー　바ー　　오 오시에떼 구다사이

喫茶店
깃사뗑

寿司屋
스시야

料亭
료ー떼ー

窓際 の席がありますか。
마도기와　노 세끼가 아리마스까

ノースモーキング
노ー스모ー낑구

식당에서

메뉴 좀 부탁합니다.

한국어 메뉴 있습니까?

오늘의 추천 요리는 무엇입니까?

<u>맵습</u> 니까?

답

짭

뜨겁

차갑

고기가 들어 있지 않은 요리 있습니까?

상황 표현

メニューお願(ねが)いします。
메뉴- 오네가이시마스

韓国語(かんこくご)のメニューがありますか。
캉꼬꾸고노 메뉴-가 아리마스까

今日(きょう)のおすすめは何(なん)ですか。
쿄-노 오스스메와 난데스까

辛(から)い　ですか。
카라이　데스까
甘(あま)い
아마이
塩辛(しおから)い
시오카라이
熱(あつ)い
아쯔이
冷(つめ)たい
쓰메따이

肉(にく)の入(はい)っていない料理(りょうり)、ありますか。
니꾸노 하잇떼 이나이 료-리　아리마스까

식당에서

웨이터!

맥주 한 병 더 주세요.

차   좀 주세요.
물

포크   좀 갖다 주세요.

나이프

스푼

접시

젓가락

냅킨

소금

상황 표현

すみません。 | お願いします。
스미마셍 | 오네가이시마스

ビール、もう一本お願いします。
비-루　　　　모- 입뽕 오네가이시마스

お茶、 お願いします。
오쨔　　오네가이시마스

お水
오미즈

フォーク、 お願いします
훠-꾸　　　 오네가이시마스

ナイフ
나이후

スプーン
스뿌-ㄴ

お皿
오사라

箸
하시

ナプキン
나뿌낑

塩
시오

식당에서

<u>후추</u>　좀 갖다 주세요.

간장

건배!

배가 부릅니다.

계산서 부탁합니다.

<u>신용카드</u>　를 사용할 수 있습니까?

여행자수표

맛있었습니다.

상황 표현

こしょう、 お願いします
코쇼— 오네가이시마스

醤油
쇼—유

乾杯！
캄빠이

おなかがいっぱいです。
오나까가 입빠이데스

お勘定、お願いします。
오깐죠— 오네가이시마스

クレジットカード が使えますか。
쿠레짓또카—도 가 쓰까에마스까

トラベラーズチェック
토라베라—즈첵꾸

おいしかったです。
오이시깟따데스

시장에서

그것 <u>두 개</u> 주십시오.

    한 다스

    두세 개

    대여섯 개

<u>사과</u> 있습니까?

과자빵

바나나

쇠고기

마실 물

빵

캔디

치즈

それ 二つ ください。
소레 후따쯔 구다사이

一ダース
이찌다스

二、三個
니 상꼬

五、六個
고 록꼬

りんご、 ありますか。
링고 아리마스까

菓子パン
가시빵

バナナ
바나나

牛肉
규-니꾸

飲み水
노미미즈

パン
팡

キャンディー
칸 디-

チーズ
치-즈

시장에서

<u>닭고기</u> 있습니까?

커피

콘플레이크

달걀

생선

과일

냉동식품

아이스크림

주스

우유

나무열매

오렌지

해산물

鶏肉、 ありますか。
도리니꾸   아리마스까

コーヒー
코-히-

コーンフレーク
코-ㄴ후레-꾸

卵
다마고

魚
사까나

果物
구다모노

冷凍食品
레-또쇼꾸힝

アイスクリーム
아이스쿠리-무

ジュース
쥬-스

ミルク
미루꾸

木の実
기노미

オレンジ
오렌지

シーフード
시-후-도

시장에서

<u>청량음료</u>　있습니까?

수프

홍차

야채

ソフトドリンク ありますか。
소후또도링꾸 아리마스까

スープ
스-뿌

こうちゃ
紅茶
코-쨔

やさい
野菜
야사이

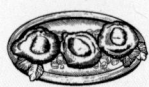

일본 식당을 이용할 때 주의할 점

❶ 식당에 가면 오시보리라고 하는 물수건이 작은 받침 그릇에 놓여 있는데, 이것으로 식사하기 전에 손을 닦는다.
❷ 일본에서는 젓가락만으로 식사를 한다. 국을 먹을 때 왼손으로 들고, 젓가락으로 가볍게 저어가며 마신다.
❸ 된장국이나 우동 등의 국물을 먹을 때 약간 소리를 내어서 먹는 것이 괜찮다.
❹ 대부분 종이로 포장된 하시오키라고 하는 나무젓가락을 사용한다. 이것은 젓가락 받침대 위에 가로로 놓여 있다.
❺ 일본식 식사의 경우 반찬으로 나오는 노란무, 야채, 생선 등의 양이 적은데, 만일 반찬을 더 먹을 경우 약 200~500엔 정도 추가 요금을 내야 한다.
❻ 종업원의 도움이 필요할 때는 스미마셍(실례합니다)이라는 말로 부른다.

오락

표 네 장 주십시오.

분라쿠〈설화 인형극〉 를 보고 싶은데요.

가부키〈전통 민중연극〉

노〈가면음악극〉

선사

절

신사

돌정원

다도

일본씨름

영화

꽃꽂이

상황 표현

切符、四枚ください。
킵뿌 욤마이 구다사이

文楽が見たいんですが。
분라꾸 가 미따인데스가

歌舞伎
가부끼

能
노-

禅寺
젠데라

お寺
오떼라

神社
진쟈

石庭
세끼떼-

茶の湯
챠노유

相撲
스모-

映画
에-가

生け花
이께바나

오락

입장권 예매는 어디입니까?

지금은 무엇을 하고 있습니까?

몇 시에 시작 합니까?

끝납

야구시합 을 보러 가고 싶은데요.

후지산

축제

가라오케바 에 가고 싶은데요.

빠찡꼬

プレイガイドはどこですか。
프레이가이도와 도꼬데스까

今、何をやっていますか。
이마 나니오 얏떼 이마스까

何時に はじまり ますか。
난지니 하지마리 마스까

終わり
오와리

野球の試合 を見に行きたいんですが。
야뀨-노 시아이 오 미니 이끼따인데스가

富士山
후지상

お祭り
오마쯔리

カラオケバー へ行きたいんですが。
가라오께바- 에 이끼따인데스가

パチンコ屋
파찡꼬야

오락

수영하고 싶은데요.

골프를 치고

테니스를 하고

재미있는 디스코를 가르쳐 주십시오.

인기 있는

입장료는 얼마입니까?

어린이 할인이 있습니까?

학생할인

상황 표현

泳ぎたい んですが。
오요기따이 ㄴ데스가

ゴルフがしたい
고루후가 시따이

テニスがしたい
테니스가 시따이

楽しい ディスコを教えてください。
다노시ー 디스꼬오 오시에떼 구다사이

人気のある
닝끼노 아루

入場料はいくらですか。
뉴ー죠ー료ー와 이꾸라데스까

子供 割引がありますか。
고도모 와리비끼가 아리마스까

学生
각세ー와리비끼

여행이란 젊은이들에게는 교육의 일부이며,
연장자들에겐 경험의 일부이다.
-베이컨-

호텔

여관   에 묵고 싶은데요.

호텔

민박

유스호스텔

예약을 했습니다.

방이 비어 있습니까?

1박   에 얼마입니까?

1주일

그것은 아침식사   가 포함된 가격입니까?

   저녁식사

상황 표현

りょかん
旅館 に泊まりたいんですが。
료깐　 니 도마리따인데스가

ホテル
호떼루

みんしゅく
民宿
민슈꾸

ユースホステル
유-스호스떼루

よやく
予約してあります。
요야꾸시떼 아리마스

へや あ
部屋が空いていますか。
헤야가 아이떼 이마스까

いっぱく
一泊　 いくらですか。
입빠꾸　 이꾸라데스까

いっしゅうかん
一週間
잇슈-깡

ちょうしょく こ ねだん
それは 朝食　 込みの値段ですか。
소레와　 쵸-쇼꾸　　 꼬미노 네단데스까

ゆうしょく
夕食
유-쇼꾸

호텔

그것은 <u>서비스료</u> 가 포함된 가격입니까?

　　세금

<u>싱글룸</u> 을 부탁합니다.

더블룸

<u>트윈베드</u> 가 두 개 딸린 방을 부탁합니다.

더블베드

방에 <u>전화</u> 가 있습니까?

　　텔레비전

それは <u>サービス料</u> 込みの値段ですか。
소레와　사-비스료-　　　꼬미노 네단데스까

　　　　税
　　　　제-

<u>シングル部屋</u>、お願いします。
싱구루베야　　　　오네가이시마스

ダブルの部屋
다부루노베야

<u>ツインベッド</u> 二つ付きの部屋、お願いします。
쓰인벳도　　　후따쯔쓰끼노 헤야　오네가이시마스

ダブルベッド
다부르뱃도

部屋に <u>電話</u> がありますか。
헤야니　뎅와　　가 아리마스까

　　　テレビ
　　　테레비

친구를 알고자 하거든 사흘만 같이 여행을 해라.
-서양 속담-

호텔

룸서비스 있습니까?

세탁서비스

풀장

헬스클럽

외국인 접객원

관광안내소

선물가게

미용실

다른 방으로 바꿔 주시겠어요?

더 큰 방 없습니까?

　　좋은

ルームサービス **がありますか。**
루-무 사-비스　　　　　가 아리마스까

洗濯サービス
센따꾸사-비스

プール
푸-루

ヘルスクラブ
헤루스쿠라부

コンシアージュ
콘시아-쥬

観光案内所
캉꼬안나이죠

ギフトショップ
기후또숍뿌

美容室
비요-시쯔

他の部屋に換えてもらえますか。
호까노 헤야니 가에떼 모라에마스까

もっと 大きい 部屋ありませんか。
못또　　오-끼-　　헤야 아리마스까

いい
이-

호텔

더 싼 방 없습니까?

    전망이 좋은

내일 아침 7시에 깨워 주십시오.

이것을 금고에 넣어 주시겠어요?

제 방은 507호입니다.

제 방 열쇠 좀 부탁합니다.

방으로 아침식사 를 보내 주십시오.

    타월

    베개를 하나 더

もっと 安い 部屋ありませんか。
못또 야스이- 헤야 아리마스까

眺めのいい
나가메노 이-

明日の朝七時に起こしてください。
아시따노 아사 시찌지니 오꼬시떼 구다사이

これを金庫にしまっておいてくれますか。
고레오 킹꼬니 시맛떼 오이떼 구레마스까

私の部屋は、570番です。
와따시노 헤야와　고햐꾸나나반데스

私の部屋の鍵、お願いします。
와따시노 헤야노 카기　오네가이시마스

部屋へ 朝食 を届けてください。
헤야에　쵸-쇼꾸　오 토도께떼 구다사이

タオル
타오루

枕 をもう一つ
마꾸라오 모- 히또쯔

호텔

방으로 담요를 한 장 더 를 보내 주십시오.

　　　화장지

　　　얼음

무슨 전언이 있었습니까?

오늘 아침에 체크아웃 하겠습니다.

계산서를 부탁합니다.

部屋へ 毛布をもう一枚を届けてください。
헤야에 모-후 오 모- 이찌마이 오 토도께떼 구다사이

トイレットペーパー
토이렛또페-빠-

氷
코-리

何か伝言ありましたか。
나니까 뎅공가 아리마시따까

今朝チェックアウトします。
케사 첵꾸아우또시마스

お勘定をお願いします。
오깐죠-오 오네가이시마스

민슈쿠

하루 3,000~8,000엔 정도로 머무를 수 있는 일종의 민박으로 두끼의 식사를 포함한다. 식사는 그 지방 특산의 나물이나 해물을 사용하며 가족적인 분위기를 느낄 수 있는 장점이 있다. 일본의 민슈쿠는 대부분 대도시보다는 관광지 주변의 지방에서 자주 볼 수 있고, 한국 민박과는 개념이 조금 다르다. 일본의 민슈쿠는 가족단위로 운영하는 일본식 료칸(旅館)에 가깝다고 보면 된다.

여관에서

실례합니다.

전용화장실   이 붙은 방 있습니까?

전용욕실

목욕하는 시간이 정해져 있습니까?

이 층에 화장실이 있습니까?

화장실이 있는 층에 방을 잡을 수 있습니까?

아침식사는 언제입니까?

다녀오겠습니다.

상황 표현

ごめんください。
고멩쿠다사이

専用トイレ付きの部屋がありますか。
셍요-토이레　쓰끼노 헤야가 아리마스까

専用の風呂
셍요-노 후로

お風呂に入る時間が決まっていますか。
오후로니 하이루 지깡가 기맛떼 이마스까

この階にお手洗いがありますか。
고노 카이니 오떼아라이가 아리마스까

トイレがある階に部屋が取れますか。
도이레가 아루 까이니 헤야가 토레마스까

朝食は何時ですか。
쵸-쇼꾸와 난지데스까

行ってきます。
잇떼 키마스

여관에서

다녀왔습니다.

금방 돌아오겠습니다.

오늘 오후

오늘 저녁

밤 몇 시까지 돌아오면 됩니까?

상황 표현

ただいま。
다다이마

すぐ 戻ります。
스구 모도리마스

今日の午後
쿄-노 고고

今晩
곰방

夜何時までに戻ればいいですか。
요루 난지마데니 모도레바 이-데스까

료칸

일본의 료칸(旅館)을 한국의 여관과 같은 개념으로 생각을 하는 경우가 많은데, 일본의 료칸은 한국의 여관과는 전혀 다르다. 일본의 료칸은 일본풍의 전통 있는 숙박업소라 할 수 있다. 일본에는 몇 대째 대를 이어 내려온 료칸도 많을 뿐더러 하나같이 일본식 전통 가옥에 다다미로 된 방(일본에서는 이를 和室(わしつ)화실이라 부른다), 그 지방의 특산물로 요리한 음식, 여독을 풀 수 있는 온천 등이 마련되어 있다. 정성어린 만찬과 간소한 아침식사를 객실담당이 마련해주며 가격은 숙박료에 포함되어 있는 곳이 대부분이다.

은행에서

오늘의 달러와 엔의 환율은 얼마입니까?

달러 를 엔으로 바꾸고 싶은데요.

여행자수표

소액권 으로 바꿔 주십시오.

고액권

여기에서 여행자수표를 팔고 있습니까?

여기에서 여행자수표를 현금으로
바꿔 줍니다.

바자카드로 현금서비스를 받고 싶습니다.

今日のドルと円の換金率はいくらですか。
코-노 도루또 엔노 칸낀리쯔오와 이꾸라데스까

ドル を円に替えたいんですが。
도루 오 엔니 가에따인데스가

トラベーズ チェック
토라베라-즈 첵꾸

小さいお札 に替えたいください。
찌사이 오사쯔 니 가에떼 구다사이

大きいお札
오-까 오사쯔

ここでトラベラーズチェックを売っていますか。
고꼬데 토라베라-즈첵꾸오 웃떼 이마스까

ここでトラベラーズチェックを現金に替えられます。
고꼬데 토라베라-즈첵꾸오 겡낀니 가에라레마스

ビザカードで現金前借りお願いします。
비자카-도데 겡낑마에가리 오네가이시마스

은행에서

한국에서 송금이 있을 건데요, 도착했나요?

韓国から送金があるはずなんですが、届いていますか。

캉꼬꾸까라 소-낑가 아루 하즈난데스가 토도이떼 이마스까

여행자 수표를 잃어버렸을 경우

여행자 수표는 분실하면 분실증명서가 있는 경우 2, 3일 내에 재발급이 가능하다. 재발급 수속은 수표를 발행한 은행의 현지 지점으로 가는 것이 가장 빠르다. 지점이 없으면 계약 은행으로 가야 한다.
이때 필요한 서류는 여권, 경찰서에서 발급받은 분실증명서, 여행자수표 발행증명서(여행자 수표를 살 때 은행에서 함께 준다), 잃어버린 여행자 수표의 번호다.

여권을 잃어버렸을 경우

여권을 잃어버렸을 경우 곧바로 달려갈 곳은 재외공관(한국대사관이나 영사관). 여권이 없으면 출국을 할 수 없기 때문에 바로 현지에 있는 우리나라 공관으로 가서 재발급을 받아야 한다. 여권 재발급 신청에 필요한 것은 사진, 현지 경찰관이 발급해 준 여권 분실증명서, 여권번호와 발행 연월일 등이다. 그러므로 사진을 예비로 준비해두거나 여권번호를 따로 메모해두면 좋다. 하지만 여권을 재발급 받기까지는 2주일 정도가 걸린다. 왜냐하면 사진을 한국에 보내서 본인 여부를 확인하는 작업을 해야 하기 때문이다.

세관에서

여권을 보여 주십시오.

한국인입니다.

〈건네주며〉 여권   입니다.

　　　　세관신고서

신고할 것이 있습니까?

신고할 것은 없습니다.

여행가방을 열어 주십시오.

パスポートを拝見します。
파스뽀-또오 하이껜시마스

韓国人です。
캉꼬꾸진데스

パスポート です。
파스뽀-또 데스

税関の申告書
제-깐노 싱꼬꾸쇼

申告するものがありますか。
싱꼬꾸스루 모노가 아리마스까

申告するものはありません。
싱꼬꾸스루 모노와 아리마셍

スーツケースを開けてくたさい。
스-쯔케-스 아케데 구다사이

여행이란 젊은이들에게는 교육의 일부이며,
연장자들에게는 경험의 일부이다.
-베이컨-

세관에서

<u>여행가방</u> 을 닫아도 됩니까?

핸드백

상황 표현

スーツケース を閉めてもいいですか。
스-쯔케-스
オ 시메떼모 이-데스까

ハンドバック
한도박꾸

항공권을 분실한 경우

일반적으로 항공권을 분실하면 해당 항공사의 지점이나 카운터에 항공권 번호를 알려주어야 한다. 번호를 모를 경우에는 구입 장소와 연락처를 정확히 알린다. 이렇게 해서 새로운 항공권을 발급받은 경우 승객은 현지에서 서비스요금으로 30달러 정도를 부담해야 한다.

하지만 이런 과정은 다소 시간이 걸린다. 항공사의 해외 지점에 항공권 구입 여부를 확인하는 팩스를 보낸다거나 전문을 띄우는 등 국내의 경우보다 더욱 복잡하고 시간도 더 걸린다. 그러므로 당장 내일 떠나야 한다든지 하는 급박한 경우에는 큰 곤란을 겪게 되므로 항공권을 분실하지 않도록 각별한 주의를 기울인다.

Part 3
교통기관

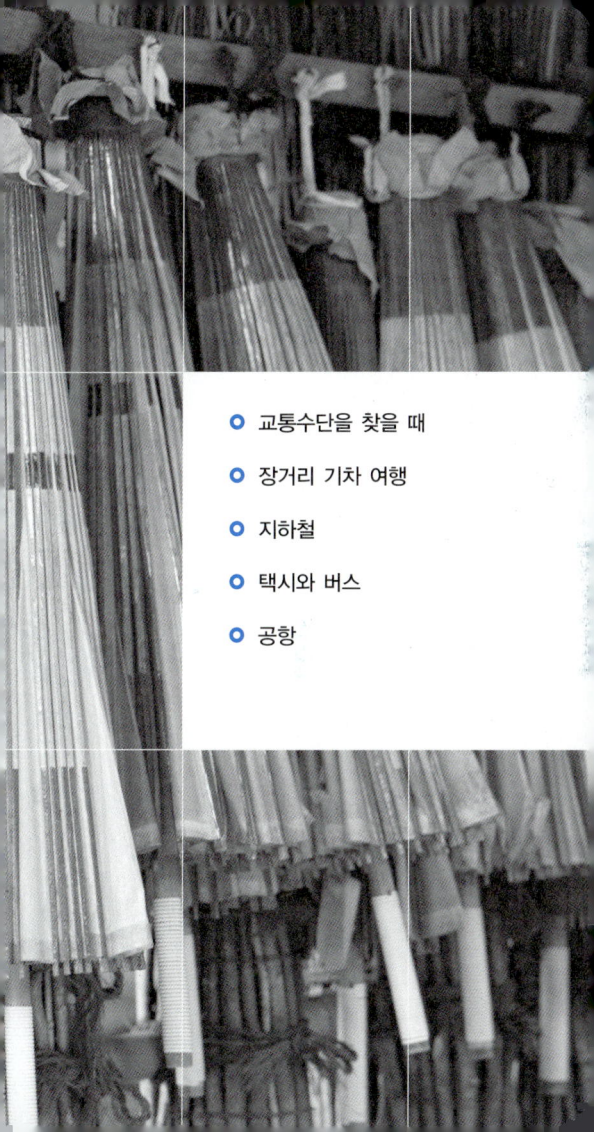

- 교통수단을 찾을 때
- 장거리 기차 여행
- 지하철
- 택시와 버스
- 공항

교통수단을 찾을 때

가장 가까운 <u>열차역</u> 은 어디입니까?

　　　　지하철역

<u>택시</u> 　승강장은 어디입니까?

버스

<u>배</u> 　는 어디에서 탑니까?

페리

<u>렌터카</u> 　는 어디에서 빌릴 수 있습니까?

스쿠터

자전거

교통기관

最寄りの 電車の駅 はどこですか。
모요리노 덴샤노 에끼 와 도꼬데스까

地下鉄の駅
치까떼쯔노 에끼

タクシー 乗り場はどこですか。
타꾸시ー 노리바와 도꼬데스까

バス
바스

船 に乗るのはどこですか。
후네 니 노루노와 도꼬데스까

フェリー
훼리ー

レンタカー はどこで借りられますか。
렌따ー까   와 도꼬데 가리라레마스까

スクーター
스꾸ー따ー

自転車
지뗀샤

교통수단을 찾을 때

한국어 <u>지도</u> 있습니까?

　　시각표

교통 기관

韓国語の 地図 が ありますか。
캉꼬꾸고노 치즈 가 아리마스까

時刻表
지꼬꾸효-

tip

열차

일본의 열차는 기능과 시설 면에서 세계 최고를 자랑하며 전국을 구석구석 완벽하게 연결하므로 일본을 처음 여행하는 사람도 열차를 이용하면 전혀 불편함을 느낄 수가 없다. 일본의 열차는 특실과 금연석, 자유석(自由席), 지정석(指定席)으로 구분이 되어 있다. 보통 앞쪽의 차량은 지정석, 뒤쪽 차량은 자유석으로 열차 바깥쪽 옆에 한자로 표시가 되어 있다. 지정석은 자신이 앉을 좌석이 정해져 있으며 자유석은 먼저 앉는 사람이 임자이다. 지정석을 원하면 역 안에 있는 티켓 파는 곳이나 여행사에서 원하는 시간대의 지정석 티켓을 받으면 된다.

택시

기본요금이 지역마다 다르며 대략 650엔(22시~05시 20% 할증)으로 무척 비싼 편이지만 버스 기본요금이 200엔 정도인 것을 감안하면 3~5명이 단거리를 이동할 때는 오히려 경제적이다. 일본의 택시는 합승이 없으며 탑승시간을 기준으로 미터기에 표시된 금액만 지불하면 된다. 문은 자동으로 개폐가 되므로 손 댈 필요가 없다.

장거리 기차여행

퍼스트클래스〈특실〉 한 장 주십시오.

지정석

자유석

안내소 는 어디입니까?

표 판매소

5번선 플랫폼

미도리호 창구는 어디입니까?

당일표 판매

동경까지 가장 빠른 것은 무엇입니까?

　　　　　　싼

　　　　　　간단한

교통 기관

グリーン席 一枚ください。
구리ーㄴ세끼 이찌마이 구다사이

指定席
시떼ー세끼

自由席
지유ー세끼

案内所 はどこですか。
안나이쇼 와 도꼬데스까

切符売り場
깁뿌우리바

五番線のホーム
고반센노 호ー무

みどり の窓口はどこですか。
미도리 노 마도구찌와 도꼬데스까

当日売り
도ー지쯔우리

東京までいちばん 速い のは何ですか。
도꾜ー마데 이찌방 하야이 노와 난데스까

安い
야스이

簡単な
간딴나

장거리 기차여행

오사카까지 <u>편도 한 장</u> 주십시오.

      왕복 한 장

다음 교토행은 몇 시입니까?

고베행 <u>막차</u> 는 몇 시입니까?

     첫차

<u>침대차</u> 가 좋겠는데요.

금연차

흡연차

아사쿠사까지 얼마입니까?

교통 기관

おおさか　　　かたみちいちまい
大阪まで　片道一枚　ください。
오-사까마데　카따미찌 이찌마이 구다사이

おうふくいちまい
往復一枚
오-후꾸 이찌마이

つぎ　きょうとゆ　　　　なんじ
次の京都行きは何時ですか。
쓰기노 쿄-또유끼와 난지데스까

こうべゆ　　　さいしゅう　　なんじ
神戸行きの　最終　は何時ですか。
코-베유끼노　사이슈-　와 난지데스까

しはつ
始発
시하쯔

しんだいしゃ
寝台車　がいいんですが。
신다이샤　가 이인데스가

きんえんしゃ
禁煙車
깅엔샤

きつえんしゃ
喫煙車
기쯔엔샤

あさくさ
浅草までいくらですか。
아사꾸사마데 이꾸라데스까

장거리 기차여행

이 열차는 <u>요코하마행</u> 입니까?

급행

이 자리 비어 있습니까?

다음 역은 어디입니까?

이 역은 어디입니까?

동경에 도착하면 가르쳐 주십시오.

교통기관

この電車は 横浜行き ですか。
고노 덴샤와 요꼬하마유끼 데스까

急行
큐―꼬―

この席空いていますか。
고노 세끼 아이떼 이마스까

次の駅はどこですか。
쓰기노 에끼와 도꼬데스까

この駅はどこですか。
고노 에끼와 도꼬데스까

東京へ着いたら教えてください。
도―꾜―에 쓰이따라 오시에떼 구다사이

정처없이 여행을 해 보라.
늘 아는 길만 다니는 것은 안전하기는 해도 지루하다.
모르는 길을 헤매면서 새로운 것을 많이 배운다.
-박광철, "부끄러운 A학점보다 정직한 B학점이 낫다"-

지하철

롭폰기까지 가려고 하는데요.

지도에서 롭폰기라고 하는 한자를 가리켜 주십시오.

긴자에는 어떻게 갑니까?

<u>동문</u> 은 어디입니까?

서문

북문

남문

9번출구

<u>공원</u> 은 어느 출구입니까?

미츠코시 백화점

교통 기관

六本木まで行きたいんですが。
롯뽕기마데 이끼따인데스가

地図で六本木という漢字を指してください。
치즈데 롯뽕기또 이우 칸지오 사시떼 구다사이

銀座へはどう行きますか。
긴자에와 도- 이끼마스까

東口 はどこですか。
히가시구찌 와 도꼬데스까

西口
니시구찌

北口
기따구찌

南口
미나미구찌

九番出口
큐-반데구찌

公園 はどの出口ですか。
코-엥 와 도노 데구치데쓰까

三越デパート
미쯔꼬시 데빠-또

지하철

지상으로 나가려고 하는데요.

교통기관

地上へ出たいんですが。
치죠-에 데따인데스가

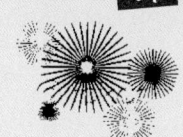

전철과 지하철

우리나라에서는 전철과 지하철이 혼용되어 사용하고 있지만, 일본의 경우에는 지하철과 전철은 구분되어 있다. 전철은 교외로 다니는 전기 철도를 의미하며, 지하철은 그야말로 지하로만 다니는 전기철도를 의미한다.

전철과 지하철이 민영으로 운영되고 있는 만큼 각 노선별로 요금 체계도 다 틀리며 지하철에서 전철로 갈아타는 것을 생각해서 미리 갈 곳을 잘 확인하고 노선도 정확하게 체크해야 한다. 표는 자판기에서 원하는 지역의 단추를 먼저 확인한 후 돈을 넣고 표를 사면된다.

택시와 버스

택시!

동경역까지 요금은 얼마 정도입니까?

롭폰기 방면으로 부탁합니다.

여기에 세워 주세요.

이 버스는 오사카성 으로 갑니까?

　　　　　　　　근처에 갑니까?

다음 버스는 몇 시입니까?

마지막

교통기관

タクシー!
타꾸시-

東京駅までいくらぐらいですか。
도-꾜-에끼마데 이꾸라 구라이데스까

六本木方面、お願いします。
롭뽕기 호-멩 오네가이시마스

ここで止めてください。
고꼬데 도메떼 구다사이

このバスは大阪城 へ行きますか。
고노 바스와 오-사까죠- 에 이끼마스까

の近くへ行きますか。
노-치까꾸에 이끼마스까

次の バスは何時ですか。
쓰기노 바스와 난지데스까

最終
사이슈-

택시와 버스

공원으로 가려면 어디에서
내리면 됩니까?

公園へ行くのにどこで降りたらいいですか。
고-엥에 이꾸노니 도꼬데 오리따라 이-데스까

tip

시내버스

버스는 기본요금이 160~180엔이지만 일정 구간마다 10~20엔씩 올라간다. 탈 때는 뒷문으로 타면서 뒷문 입구에서 정리권(整理券;자신이 승차한 구역을 표시하는 번호가 적혀져 있다)을 뽑아서 내릴 때 운전석 머리 위에 표시된 금액(자신이 승차한 구역의 번호와 요금이 적혀있다)만큼 정리권과 함께 요금통에 넣으면 된다.

가능하면 잔돈을 준비하는 것이 좋으며 지폐를 낼 경우에는 버스기사에게 미리 말을 하고 반드시 지폐교환기(요금통에 부착되어 있으며 종류별로 잔돈이 나온다)에서 잔돈을 교환한 후 정확한 금액을 요금통에 넣어야 한다. 왜냐하면 우리나라처럼 운전사가 직접 잔돈을 거슬러주는 일은 거의 없기 때문이다.

관광버스

관광버스에는 일본어 안내원이 동행하여 그 지역 유명 관광지를 순환하는 정기 관광버스가 있다. 대부분 기차역 주변에서 출발하여 3시간, 반나절, 하루코스 등이 있다.

공항

<u>표 판매소</u>　는 어디입니까?

짐 찾는 곳

<u>오늘</u>　센다이행 편 있습니까?

내일

운임은 얼마입니까?

몇 편입니까?

<u>도착</u>　시간은 몇 시입니까?

출발

탑승구는 몇 번입니까?

> 교통기관

> 切符売り場 はどこですか。
> 깁뿌우리바 와 도꼬데스까
> 荷物引き渡し所
> 니모쯔히끼와따시죠

> 今日 仙台行きの便がありますか。
> 쿄- 센다유끼노 빙가 아리마스까
> 明日
> 아시타

> 運賃はいくらですか。
> 운찡와 이꾸라데스까

> 何便ですか。
> 남빈데스까

> 到着 時間は何時ですか。
> 도-쨔꾸 지깡와 난지데스까
> 出発
> 슙빠쯔

> 搭乗口は何番ですか。
> 토-죠-구찌와 남반데스까

공항

<u>창문쪽</u> 자리를 부탁합니다.

통로쪽

금연

예약을 <u>변경하고</u> 싶은데요.

취소하고

확인하고

교통기관

<ruby>窓際<rt>まどぎわ</rt></ruby>の<ruby>席<rt>せき</rt></ruby>お<ruby>願<rt>ねが</rt></ruby>いします。
마도기와 노 세끼 오네가이시마스

<ruby>通路側<rt>つうろがわ</rt></ruby>
쓰-로가와

<ruby>禁煙<rt>きんえん</rt></ruby>
깅엔

<ruby>予約<rt>よやく</rt></ruby>を <ruby>変更<rt>へんこう</rt></ruby>したい んですが。
요야꾸오 헹꼬-시따이 ㄴ데스가

<ruby>取<rt>と</rt></ruby>り<ruby>消<rt>け</rt></ruby>したい
도리께시따이

<ruby>確認<rt>かくにん</rt></ruby>したい
카꾸닌시따이

tip

세관검사

자신의 짐을 다 찾은 후에는 세관 카운터 앞으로 가서 직원에게 짐과 여권을 건네준다. 배낭을 든 여행자의 경우에는 대부분 그냥 통과할 수 있다. 세관 신고 때 짐을 열어보는 경우는 거의 없지만, 만약 과세 대상이 있어도 신고를 하지 않았다가 적발될 경우에는 압류를 당하거나 무거운 벌금을 물게 되므로 주의한다.

Part 4
날씨 · 수 시간 · 색

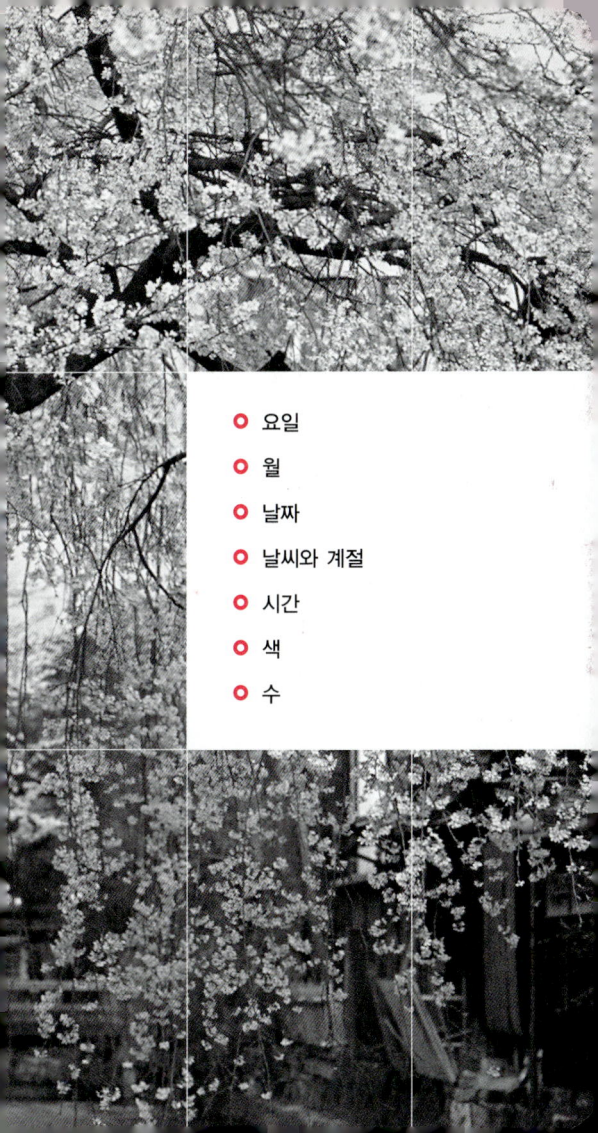

- 요일
- 월
- 날짜
- 날씨와 계절
- 시간
- 색
- 수

요일

월요일 月曜日 게쯔요-비

화요일 火曜日 카요-비

수요일 水曜日 스이요-비

목요일 木曜日 모꾸요-비

어제

오늘

내일

모레

그제

금요일 金曜日 ^{きんようび} 킹요-비

토요일 土曜日 ^{どようび} 도요-비

일요일 日曜日 ^{にちようび} 니찌요-비

昨日 ^{きのう}
기노-

今日 ^{きょう}
쿄-

明日 ^{あした}
아시따

あさって
아삿떼

おととい
오또또이

요일

주말

평일

경축일

오늘 아침

오늘 오후

오늘 저녁

오늘밤

어제 아침

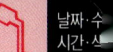

週末
しゅうまつ
슈-마쯔

ウィークデー
위-꾸데-

祝日
しゅくじつ
슈꾸지쯔

今朝
けさ
케사

今日の午後
きょう ごご
쿄-노 고고

今日の夕方
きょう ゆうがた
쿄-노 유-가따

今晩
こんばん
곰방

昨日の朝
きのう あさ
기노-노 아사

요일

오후

내일 오후

어젯밤

다음 주

지난 주

이번 주

3주일 전

날짜·수
시간·색

午後
ごご
고고

明日の午後
あしたのごご
아시따노 고고

昨日の晩
きのうのばん
기노-노 방

来週
らいしゅう
라이슈-

先週
せんしゅう
센슈-

今週
こんしゅう
곤슈-

三週間前
さんしゅうかんまえ
산슈-깡마에

월

1월 　一月 いちがつ 이찌가쯔

2월 　二月 にがつ 니가쯔

3월 　三月 さんがつ 상가쯔

4월 　四月 しがつ 시가쯔

5월 　五月 ごがつ 고가쯔

6월 　六月 ろくがつ 로꾸가쯔

이번 달

다음 달

지난 달

올해

내년

작년

7월   七月 (しちがつ) 시찌가쯔

8월   八月 (はちがつ) 하찌가쯔

9월   九月 (くがつ) 쿠가쯔

10월   十月 (じゅうがつ) 쥬—가쯔

11월   十一月 (じゅういちがつ) 쥬—이찌가쯔

12월   十二月 (じゅうにがつ) 쥬—니가쯔

今月 (こんげつ) 콩게쯔

来月 (らいげつ) 라이게쯔

先月 (せんげつ) 셍게쯔

今年 (ことし) 고또시

来年 (らいねん) 라이넹

去年 (きょねん) 쿄넹

날짜

오늘은 <u>1일</u> 입니다.

2일

3일

4일

5일

6일

7일

8일

9일

10일

11일

12일

13일

날짜·수
시간·ㅅ

今日(きょう)は 一日(ついたち) です。
쿄-와　쓰이따찌　데스

二日(ふつか)
후쯔까

三日(みっか)
믹까

四日(よっか)
욕까

五日(いつか)
이쯔까

六日(むいか)
무이까

七日(なのか)
나노까

八日(ようか)
요-까

九日(ここのか)
고꼬노까

十日(とおか)
도-까

十一日(じゅういちにち)
쥬-이찌니찌

十二日(じゅうににち)
쥬-니니찌

十三日(じゅうさんにち)
쥬-산니찌

날짜

오늘은 <u>14일</u> 입니다.

　　　15일

　　　16일

　　　17일

　　　18일

　　　19일

　　　20일

내일은 <u>21일</u> 입니다.

　　　22일

　　　23일

　　　24일

　　　25일

날짜·수
시간·색

<ruby>今日<rt>きょう</rt></ruby>は <u><ruby>十四日<rt>じゅうよっか</rt></ruby></u> です。
쿄-와   쥬-욕까   데스

<ruby>十五日<rt>じゅうごにち</rt></ruby>
쥬-고니찌

<ruby>十六日<rt>じゅうろくにち</rt></ruby>
쥬-로꾸니찌

<ruby>十七日<rt>じゅうしちにち</rt></ruby>
쥬-시찌니찌

<ruby>十八日<rt>じゅうはちにち</rt></ruby>
쥬-하찌니찌

<ruby>十九日<rt>じゅうくにち</rt></ruby>
쥬-쿠니찌

<ruby>二十日<rt>はつか</rt></ruby>
하쯔까

<ruby>明日<rt>あした</rt></ruby>は <u><ruby>二十一日<rt>にじゅういちにち</rt></ruby></u> です。
아시따와   니쥬-이찌니찌   데스

<ruby>二十二日<rt>にじゅうににち</rt></ruby>
니쥬-니니찌

<ruby>二十三日<rt>にじゅうさんにち</rt></ruby>
니쥬-산니찌

<ruby>二十四日<rt>にじゅうよっか</rt></ruby>
니쥬-욕까

<ruby>二十五日<rt>にじゅうごにち</rt></ruby>
니쥬-고니찌

날짜

내일은 <u>26일</u> 입니다.

    27일

    28일

    29일

<u>30일</u> 에 출발합니다.

31일

明日は 二十六日 です。
아시따와 니쥬―로꾸니찌 데스

二十七日
니쥬―시찌니찌

二十八日
니쥬―하찌니찌

二十九日
니쥬―쿠니찌

三十日 に発ちます。
산쥬―니찌 니 다찌마스

三十一日
산쥬―이찌니찌

당신이 어디를 가든 그곳은 당신의 일부가 된다.
모든 여행은 사랑의 탐험이다.
- 잭 캔필드, 마크 빅터 한센 외의 《행복한 여행자》 중에서 -

날씨와 계절

봄　　春(はる) 하루

여름　夏(なつ) 나쯔

오늘 날씨는 어떻습니까?

무덥습　니다.

덥습

춥습

시원합

따뜻합

아주 좋은 날씨네요.

날짜·시간·

가을 　秋 아끼

겨울 　冬 후유

今日の天気はどうですか。
쿄-노 텡끼와 도-데스까

蒸し暑い　です。
무시아쯔이　　데스

暑い
아쯔이

寒い
사무이

涼しい
스즈시-

暖かい
아따따까이

すばらしい天気ですねえ。
스바라시- 텡끼데스네-

날씨와 계절

<u>비</u>   가 옵니다.

<u>눈</u>

<u>흐려</u>   있습니다.

<u>개어</u>

내일 날씨는 어떨까요?

맑을 겁니다.

雨です。
아메 데스

雪
유끼

曇っています。
구못떼 이마스

晴れて
하레떼

明日の天気はどうでしょうか。
아시따노 텡끼와 도-데쇼-까

晴れでしょう。
하레데쇼-

> 자기와 다른 사람들을 개선하려고
> 나라를 떠나는 자는 철학자이지만,
> 호기심이란 맹목적인 충동에 사로잡혀
> 여행을 떠나는 자는 방랑자에 지나지 않는다.
> -고울드 스미스-

시간

한밤중

정오

아침

오후

이른 저녁

저녁

밤

지금 몇 시입니까?

真夜中
まよなか
마요나까

正午
しょうご
쇼-고

朝
あさ
아사

午後
ごご
고고

夕方
ゆうがた
유-가따

晩
ばん
방

夜
よる
요루

今何時ですか。
いまなんじ
이마 난지데스까

여러 곳을 여행한 자만이 지혜롭다.
-아이슬란드 속담-

시간

1시 입니다.

2시

3시

4시

5시

6시

7시

8시

9시

10시

11시

12시

<ruby>一時<rt>いちじ</rt></ruby> です。
이찌지 데스

<ruby>二時<rt>にじ</rt></ruby>
니지

<ruby>三時<rt>さんじ</rt></ruby>
산지

<ruby>四時<rt>よじ</rt></ruby>
요지

<ruby>五時<rt>ごじ</rt></ruby>
고지

<ruby>六時<rt>ろくじ</rt></ruby>
로꾸지

<ruby>七時<rt>しちじ</rt></ruby>
시찌지

<ruby>八時<rt>はちじ</rt></ruby>
하찌지

<ruby>九時<rt>くじ</rt></ruby>
쿠지

<ruby>十時<rt>じゅうじ</rt></ruby>
쥬-지

<ruby>十一時<rt>じゅういちじ</rt></ruby>
쥬-이찌지

<ruby>十二時<rt>じゅうにじ</rt></ruby>
쥬-니지

시간

3시 반입니다.

10시 5분입니다.

1분

10분

20분

1시간

2시간

5시간

날짜·수
시간·색

<ruby>三<rt>さん</rt></ruby><ruby>時<rt>じ</rt></ruby><ruby>半<rt>はん</rt></ruby>です。
산지한데스

<ruby>十<rt>じゅう</rt></ruby><ruby>時<rt>じ</rt></ruby><ruby>五<rt>ご</rt></ruby><ruby>分<rt>ふん</rt></ruby>です。
쥬-지고훈데스

<ruby>一分<rt>いっぷん</rt></ruby>
입뿐

<ruby>十分<rt>じゅっぷん</rt></ruby>
쥬뿐

<ruby>二十分<rt>にじゅっぷん</rt></ruby>
니쥬뿐

<ruby>一時間<rt>いちじかん</rt></ruby>
이찌지깐

<ruby>二時間<rt>にじかん</rt></ruby>
니지깐

<ruby>五時間<rt>ごじかん</rt></ruby>
고지깐

자식이 성공시키려면 일찍부터 여행을 많이 시켜라!
-서양 속담-

시간

그 시계 맞습니까?

지금

나중에

아직

곧

이미, 벌써

その時計あってますか。
소노 도께- 앗떼 마스까

今
이마

後で
아또데

まだ
마다

すぐ
스구

もう
모-

여행은 스스로에게 자신을 다시 끌고 가는 하나의 고행이다.
-카뮈-

색

<u>빨간</u> 것을 주십시오.

파란

검은

흰

녹색

노란

오렌지색

분홍색

갈색

감색

보라색

<ruby>赤<rt>あか</rt></ruby>い のをください。
아까이 노오 구다사이

<ruby>青<rt>あお</rt></ruby>い
아오이

<ruby>黒<rt>くろ</rt></ruby>い
쿠로이

<ruby>白<rt>しろ</rt></ruby>い
시로이

<ruby>緑<rt>みどり</rt></ruby>
미도리

<ruby>黄色<rt>きいろ</rt></ruby>い
기-로이

オレンジ
오렌지

ピンク
핑꾸

<ruby>茶色<rt>ちゃいろ</rt></ruby>い
챠이로이

<ruby>紺<rt>こん</rt></ruby>
곤

<ruby>紫<rt>むらさき</rt></ruby>
무라사끼

색

이 색을 좋아합니다.

이걸로 다른 색 있습니까?

날짜·수
시간·색

この色が好きです。
고노 이로가 스끼데스

これで、他の色がありますか。
고레데   호까노 이로가 아리마스까

전압

일본의 전압은 110V이므로 헤어드라이기를 가지고 갈 경우 이에 맞춰 가져가야 하며, 콘센트의 모양도 일자형이 대부분이므로 따로 준비해가는 것이 좋다. 주파수는 도쿄를 포함한 동부 일본은 50Hz, 나고야, 교토, 오사카를 포함하는 서부 일본은 60Hz를 사용한다.

화폐

일본의 화폐단위는 ¥(엔)으로서 일반적으로 시중에서 사용되고 있는 화폐의 종류는 경화가 1, 5, 10, 50, 100, 500 ¥(엔)의 여섯 가지이며, 지폐는 1000, 2000, 5000, 10000 ¥(엔) 네 가지이다.

수

0	ゼロ 제로	零 レい 레이	영
1	一 いち 이찌	一つ ひと 히또쯔	하나
2	二 に 니	二つ ふた 후따쯔	둘
3	三 さん 상	三つ みっ 밋쯔	셋
4	四 し/よん 시/용	四つ よっ 욧쯔	넷
5	五 ご 고	五つ いつ 이쯔쯔	다섯
6	六 ろく 로꾸	六つ むっ 뭇쯔	여섯
7	七 しち/なな 시찌/나나	七つ なな 나나쯔	일곱
8	八 はち 하찌	八つ やっ 얏쯔	여덟
9	九 く/きゅう 쿠/큐ー	九つ ここの 고꼬노쯔	아홉
10	十 じゅう 쥬ー	十 とお 도ー	십, 열
20	二十 にじゅう 니쥬ー		이십, 스물

30	三十 산쥬-	삼십, 서른
40	四十 욘쥬-	사십, 마흔
50	五十 고쥬-	오십, 쉰
60	六十 로꾸쥬-	육십, 예순
70	七十 / 七十 나나쥬- / 시찌쥬-	칠십, 일흔
80	八十 하찌쥬-	팔십, 여든
90	九十 큐-쥬-	구십, 아흔
100	百 햐꾸	백
1,000	千 셍	천
10,000	一万 이찌망	만
1,000,000	百万 햐꾸망	백만

Part 5
통신

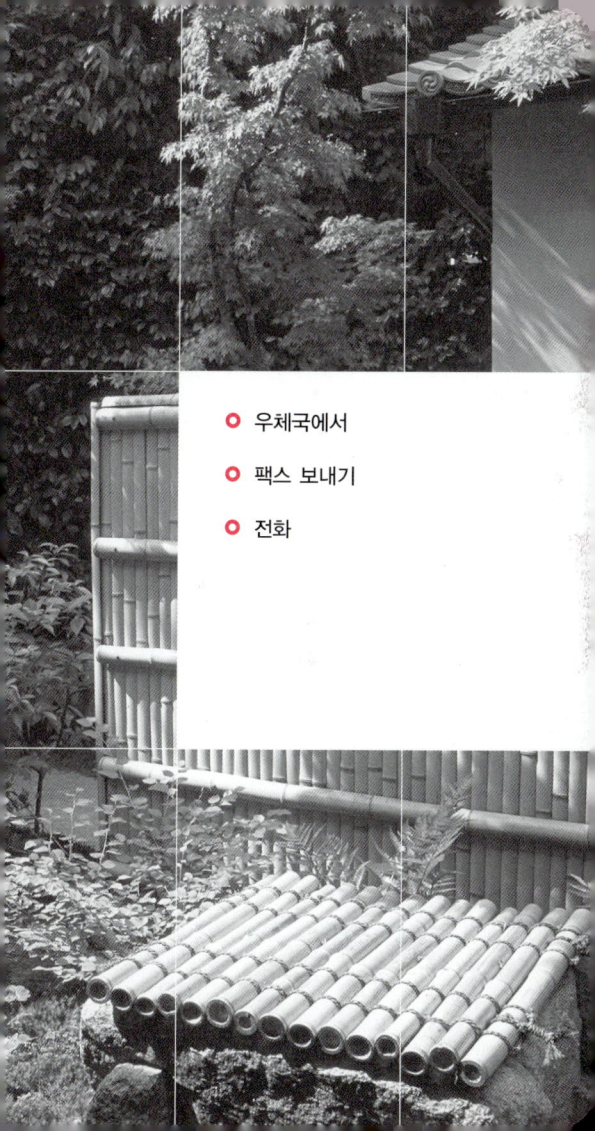

- 우체국에서
- 팩스 보내기
- 전화

우체국에서

이 <u>편지</u> 를 부치고 싶은데요.

　엽서

　소포

요금은 얼마입니까?

이것을 <u>항공편</u> 으로 부탁합니다.

　　등기

　　선편

　　항공속달

<u>우표</u> 를 사고 싶은데요.

항공편지

통신

この 手紙 を出したいんですが。
고노 데가미 오 다시따인데스가

葉書
하가끼

小包
고즈쯔미

料金はいくらですか。
료-낑와 이꾸라데스까

これを 航空便 でお願いします。
고레오 코-꾸빈 데 오네가이시마스

書留
가끼또메

船便
후나빈

航空速達
코-꾸소꾸따쯔

切手 が買いたいんですが。
깃떼 가 가이따인데스가

エアレター
에어레따-

우체국에서

항공봉투 사고 싶은데요.

내용물은 책 입니다.

깨지기 쉬운 물건

한국까지 며칠 걸립니까?

국제우편환을 현금으로 바꾸고 싶은데요.

통신

航空封筒が買いたいんですが。
코-꾸-후-또-가 가이따인데스가

中身は本です。
나까미와 혼데스

割れ物
와레모노

韓国まで何日かかりますか。
캉꼬꾸마데 난니찌 가까리마스까

国際郵便為替を現金に替えたいんです。
고꾸사이유-빙가와세오 겡낀니 가에따인데스가

tip

우편

국제 우편물은 보통 1주일 이내에 도착하며, 급한 경우 EMS, DHL 등의 특급 우편을 사용하면 된다. 한국으로 엽서나 편지를 보낼 때는 반드시 SOUTH KOREA 라고 써야 한다.

팩스보내기

팩스를 보내고 싶은데요.

1쪽에 얼마입니까?

한국에 팩스를 보내고 싶은데요.

팩스기 있습니까?

통신

ファックスを送りたいんですが。
확꾸스오 오꾸리따인데스가

一ページいくらですか。
이찌페-지 이꾸라데스까

韓国へファックスを送りたいんですが。
캉꼬꾸에 확꾸스오 오꾸리따인데스가

ファックスの機械がありますか。
확꾸스노 기까이가 아리마스까

tip

공중전화

국내전화는 노란색과 초록색으로 된 전화기에 10엔이나 100엔 동전을 넣고 사용한다. 초록색 전화기는 동전과 함께 공중전화 카드도 사용할 수 있으며 시내전화는 10엔으로 3분 통화가 가능하다. 또한, 빨간색 전화는 10엔짜리만 사용할 수 있으며 시외통화도 가능하다. 전화 카드는 사용할 때마다 카드에 구멍이 뚫려 사용 가능 횟수가 표시된다. 일반 상점이나 자판기에서 구입할 수 있다.

주요도시 시외국번 : 도쿄(03), 나고야(052), 요코하마(045), 하코네(0460), 닛코(0288), 센다이(022), 오사카(066), 교토(075), 나라(0742), 고베(078), 히로시마(082), 후쿠오카(092), 나가사키(0958), 벳푸(0977), 삿포로(011)

전화

전화 좀 써도 괜찮겠습니까?

<u>시내전화</u>　를 걸고 싶은데요.

장거리전화를

국제전화를

컬렉트콜로

신용카드로

지명통화로

다나카 씨에게 걸었으면 하는데요.

한국에 걸었으면 합니다.

KDD교환을 불러내고 싶은데요.

通신

電話を使わせていただけますか。
엥와오 쓰까와세떼 이따다께마스까

市内電話 をかけたいんですが。
시나이뎅와   오 가께따인데스가

長距離電話を
쵸-쿄리뎅와오

国際電話を
고꾸사이뎅와오

コレクトコールで
코레꾸또코-루데

クレジットカードで
쿠레짓또카-도데

指名通話で
시메-쓰-와데

田中さんにかけたいんですが。
다나까산니 가께따인데스가

韓国にかけたいんです。
캉꼬꾸니 가께따인데스

KDDのオペレーターを呼び出したいんですが。
케-디-디-노 오뻬레-따-오 요비다시따인데스가

전화

동경에 걸고 싶은데요.

지금 통화는 얼마였습니까?

이 전화   사용법을 가르쳐 주십시오.

나의 전화카드

여보세요.

통신

東京にかけたいんですが。
도-꾜-니 가께따인데스가

今の通話はいくらでしたか。
이마노 쓰와 이꾸라데시따까

この電話の使い方を教えてください。
고노 뎅와 노 쓰까이까따오 오시에떼 구다사이

私のテレホンカード
와따시노 테레홍카-도

もしもし。
모시모시

tip

한국으로 전화 걸기

001+82+2(0을 뺀 지역번호)+전화번호
예를 들어 서울의 02)750-1234번으로 걸 경우는
「001-82-2-750-1234」을 누르면 된다.
- 토, 일, 공휴일 08:00~23:00 20% 할인
- 매일 23:00~08:00 40% 할인

Part 6
긴급사태

긴급상황

긴급상황

도와주세요! / 사람 살려!

기분이 나쁩니다. /
몸 상태가 좋지 않습니다.

환자가 있습니다.

알레르기인 것 같습니다.

배 가 아픕니다.

머리

통역이 필요합니다.

빨리 구급차를 불러 주십시오.

긴급 상황

助けてください！
다스께떼 구다사이

気分が悪いんです。
기붕가 와루인데스

病人がいます。
뵤-닝가 이마스

アレルギーらしいんです。
아레루기-라시인데스

おなかが痛いんです。
오나까 가 이따인데스

頭
아따마

通訳が要ります。
쓰-야꾸가 이리마스

すぐ救急車を呼んでください。
스구 규-뀨-샤 오 욘데 구다사이

긴급상황

빨리 <u>의사</u> 를 불러 주십시오.

　　　경찰

길을 잃었습니다.

<u>여권</u> 을 잃어버렸습니다.

지갑

돈

짐

일행에서 떨어졌습니다.

긴급 상황

すぐ 医者 を呼んでください。
스구　이샤　　　오 욘데 구다사이

警察
케-사쯔

道に迷いました。
미찌니 마요이마시따

パスポート をなくしました。
파스뽀-또　　오 나꾸시마시따

財布
사이후

お金
오까네

荷物
니모쯔

グループからはぐれました。
구-루뿌까라 하구레마시따

여행은 나에게 있어서 정신을 다시금 젊어지게 해 주는 샘이다.
-안데르센-

긴급상황

아내   와 떨어졌습니다.

남편

아이

사고입니다.

긴급 상황

家内 とはぐれました。
かない
카나이 또 하구레마시따
主人
しゅじん
슈진
子供
こども
고도모

事故です。
じこ
지꼬데스

할인점을 이용하라

어느 도시에서나 가장 저렴하게 쇼핑을 하고 싶다면, 그 도시에 사는 주민들에게 직접 물어보는 것이 가장 정확하다. 전자제품의 경우에도 우리가 흔히 알고 있는 도쿄의 아키하바라보다 아메요코 시장 옆에 있는 다케야가 같은 곳에서 물건을 훨씬 더 저렴한 가격에 구입할 수 있다. 다케야의 경우에는 관광객이나 여행객보다 도쿄의 주민들이 즐겨 찾는 상설할인 매장이다.

이때 한 가지 주의 할 것은 이러한 할인 매장에서는 대부분 신용카드 결제가 되지 않으며 오로지 현금결재만이 가능하다는 것이다.

여행 스케줄

Date   /   /

구경거리

즐길거리

먹거리

숙박

경비

기타

여행 스케줄

Date   /   /

구경거리

즐길거리

먹거리

숙박

경비

기타

여행 스케줄

Date   /   /

구경거리

즐길거리

먹거리

숙박

경비

기타

여행 스케줄

Date   /   /

구경거리

즐길거리

먹거리

숙박

경비

기타

여행 스케줄

Date   /   /

구경거리

즐길거리

먹거리

숙박

경비

기타

여행 스케줄

Date   /   /

구경거리

즐길거리

먹거리

숙박

경비

기타

여행 스케줄

Date   /   /

구경거리

즐길거리

먹거리

숙박

경비

기타

여행 스케줄

Date   /   /

구경거리

즐길거리

먹거리

숙박

경비

기타

여행 스케줄

Date   /   /

구경거리

즐길거리

먹거리

숙박

경비

기타

여행 스케줄

Date   /   /

구경거리

즐길거리

먹거리

숙박

경비

기타

여행 스케줄

Date   /   /

구경거리

즐길거리

먹거리

숙박

경비

기타

여행 스케줄

Date   /   /

구경거리

즐길거리

먹거리

숙박

경비

기타

여행 스케줄

Date   /   /

구경거리

즐길거리

먹거리

숙박

경비

기타

여행 스케줄

Date   /   /

구경거리

즐길거리

먹거리

숙박

경비

기타

여행 스케줄

Date   /   /

구경거리

즐길거리

먹거리

숙박

경비

기타

여행 스케줄

Date   /   /

구경거리

즐길거리

먹거리

숙박

경비

기타

여행 메모

Free Note

여행 메모

Free Note

여행 메모

Free Note

여행 메모

Free Note

여행 메모

Free Note

여행 메모

Free Note

여행 메모

Free Note

여행 메모

Free Note

여행 메모

Free Note

여행 메모

Free Note

여행자 메모

Traveler's Note

여권번호
Passport No.

비자번호
Visa No.

항공권번호
Air Ticket No.

항공권편명
Flight Name

신용카드번호
Credit Card No.

여행자수표번호
Traveler's Check No.

해외여행보험번호
T.A. No.

항공권 예약

Day |

Time |

Flight Name |

담당자 |